Peter Stephan Jungk

Marktgeflüster

Eine verborgene Heimat in Paris

S. Fischer

Aus Verantwortung für die Umwelt hat sich der S. Fischer Verlag zu einer nachhaltigen Buchproduktion verpflichtet. Der bewusste Umgang mit unseren Ressourcen, der Schutz unseres Klimas und der Natur gehören zu unseren obersten Unternehmenszielen.
Gemeinsam mit unseren Partnern und Lieferanten setzen wir uns für eine klimaneutrale Buchproduktion ein, die den Erwerb von Klimazertifikaten zur Kompensation des CO_2-Ausstoßes einschließt.

Weitere Informationen finden Sie unter:
www.klimaneutralerverlag.de

FSC
www.fsc.org
MIX
Papier aus verantwortungsvollen Quellen
FSC® C014496

Originalausgabe
Erschienen bei S. FISCHER
2. Auflage Juli 2021

Satz: Fotosatz Amann, Memmingen
Druck und Bindung: GGP Media GmbH, Pößneck
Printed in Germany
ISBN 978-3-10-397368-6

Für Paul Nizon – weil ich seinen Lebenshunger,
seine Leidenschaft für Paris, die Musikalität seiner Sprache,
sein zuweilen diabolisches Lächeln liebe.

Everybody who accomplishes anything leaves home. This action, leaving home, has an effect on the people left behind and sometimes, most dramatically, on the new people one meets. *Jamaica Kincaid*

Inhalt

Mango, Manga

»Ich lese nie.«

»Nichts? Nie?«

»Nichts. Nie. Weißt du doch!«

»Keine Ausnahme?«

»Allerallerhöchstens Mangas. Bandes dessinées.« Hamzas Stimme klingt hoch, ein wenig krächzend. »Wenn du endlich ein Buch mit Zeichnungen machst, das lese ich dann. Versprochen!« Er grinst, meint es aber ernst. Schneidet in weichreifes Mangofleisch, Mango, das erinnere ihn an Mangas. Er reicht mir ein mit der Spitze eines scharfen kleinen Messers aufgespießtes goldgelbes Fruchtstück, mit der anderen Hand hat er inzwischen drei Mangos an eine Stammkundin verkauft.

Die Stammkundin ist ein Filmstar; versteckt hinter den Gläsern einer Sonnenbrille, wird sie hier von kaum jemandem erkannt. Man lässt Berühmtheiten in Ruhe am marché d'Aligre, man spricht sie nicht an, man achtet ihren Ungestörtheitskokon in einer Mischung aus Rücksicht und Scheu. Hamza geht ohnehin nicht oder nur äußerst selten ins Kino, er sieht kaum fern, er weiß nicht, wer die Schauspielerin ist. Er verlangt viel zu viel Geld von ihr, von uns, von all seinen Kunden, aber seine Mangos aus Mexiko, Brasilien, Peru sind unbestritten die besten weit und breit. Das Stück, das Hamza mir gegeben hat, schmilzt im Mund, es ist süß wie Blütenhonig, weich und fest zugleich, nass, saftig, so ähnlich schmeckte die

Frucht vom Baum der Erkenntnis, im Garten Eden, ich erinnere mich.

»Du weißt, wer das war vorhin?«, frage ich in den Sekunden, bevor neue Kunden auftauchen.

»Berühmt. Sehr berühmt. Sagt mir trotzdem nichts.« Hamza reinigt die Brillengläser mit dem unteren Saum seines schrillgelben Hemds.

An Tagen, da sein Vater den Stand führt, macht man lieber einen großen Bogen um die Verkaufstische für exotische Früchte. Hamzas Vater preist jedem Passanten seine Ware nicht bloß an, sondern drängt sie ihm auf. Er ist der aufdringlichste Marktverkäufer, den ich kenne. Wirft man auch nur einen scheuen Seitenblick auf den Stand in der rue d'Aligre, zehn Schritte von der imposanten großzügigen Markthalle entfernt, eilt er auf einen zu, nennt Preise, Rabatte, falls man mehrere Ananas, Passionsfrüchte, Papayas auf einmal nehme. Lehnt man dankend ab, insistiert er nur umso heftiger. Reagiert man ungehalten, beginnt er, ohne zu zögern, von neuem: »Hier, kosten Sie, kosten Sie, herrlich, hier, billig, zwei davon, nein, drei!«

Zugegeben, das seien Methoden der Vergangenheit, aber so habe er es gelernt, bevor seine Söhne geboren wurden, entschuldigt Hamza seinen Vater. »Er war ein einziges Mal in seinem Leben in New York, da hat er sich dieses Verkaufsrezept bei den Marktschreiern am Broadway abgeschaut, bei den Socken-, Unterhosen-, T-Shirt-Verkäufern. Er kann nicht anders.«

»Und deine Mutter?« Ich frage mich oft, warum ich Hamzas Mutter nie zu sehen bekomme. Die ältere, etwas bucklige Frau, die manchmal am Markt auftaucht, ist Hamzas Tante, die Schwester seines Vaters. Sie lebt seit einigen Jahren in Südfrankreich, besucht ihre Verwandten in der Hauptstadt immer seltener. Ich hake nach: »Warum sieht man hier eigentlich nie deine Mutter?«

Er bleibt die Antwort schuldig, widmet sich seiner Kundschaft, parliert auf Arabisch und Englisch, Französisch und Spanisch. Er spricht auch ein wenig Hebräisch, Russisch, Chinesisch und Japanisch, zumindest die Grußformeln, vielleicht sogar ein wenig mehr als das.

In einem kleinen Dorf im Norden Algeriens geboren, wanderte Hamza als Bub mit seinen Eltern nach Frankreich aus. Sein Name bedeutet ›Löwe‹, auch ›Tapferer Krieger‹ – arabische Namen, die übersetzt wie Indianernamen klingen. Der dreißigjährige Erstgeborene wirkt bullig, in letzter Zeit geht er ins Fitnessstudio, um abzunehmen und seine Muskeln zu trainieren. Er hat zwei Brüder, wilde Burschen, und eine Schwester. Erkundige ich mich nach Amel, weicht Hamza aus, auch sie sehe ich nie hier. Man munkelt auf dem Markt, sie sei bei der Familie in Ungnade gefallen, weil sie im kommenden Sommer einen Christen heirate. Hamzas Bruder Fares, vierundzwanzig, mit den abstehenden Ohren und den schweren Gliedern, der Riese Fares, der durchaus an den Golem der Prager Sage erinnert, war ab seinem dreizehnten Lebensjahr Hamzas williger Sklave, seit kurzem betreibt er seinen eigenen Stand. Seine Preise sind absurd hoch. Ich kaufe nichts bei ihm, reiche ihm aber jedes Mal die Hand, wenn ich ihn sehe. Ich fühle mich seltsam geadelt, in den Ritterstand der Markt-Eingeweihten gehoben, wenn Hamza oder Fares – ›Ritter‹, ›Reitersmann‹ ist die Bedeutung seines Namens – mir die Hand reichen. Einer solchen Geste kommt in dieser Stadt eine Besonderheit und Bedeutung zu, die nicht zu unterschätzen ist. Wem etwa im Café die Hand nicht gereicht wird, der gehört nicht zur Gemeinschaft der wahren Einheimischen, ist entweder Tourist oder ein Ausländer, der sich einbildet, Paris zu seiner Heimat erklären zu dürfen.

Hamzas jüngster Bruder Ishaq, was ›Der, der lacht‹ bedeutet –, hat mir noch nie die Hand gereicht. Er trägt seine Baseballkappe ausnahmslos mit dem Schirm nach hinten, geht ernst, behäbig und vornübergebeugt seiner Wege, wirkt allein dadurch um Jahre älter als einundzwanzig. Fünfmal in der Woche steht er zwischen drei und vier Uhr morgens auf, um mit einem riesigen Lastwagen nach Rungis am Rand der Metropole, nahe dem Flughafen Orly, zu fahren und auf dem größten Markt Europas den täglichen Nachschub für die Früchte- und Gemüsestände seiner Brüder und seines nervensägenden Vaters zu besorgen.

»Warum lebst du bei deiner Lebensgeschichte eigentlich nicht in Amerika, England oder in Allemagne, Autriche, Suisse oder Weißgottwo?«, will Hamza in Monatsabständen von mir wissen. »Wir freuen uns ja, dass du hier bist. Aber warum hier, warum ausgerechnet hier? In Kalifornien geboren, das behauptest du zumindest, du Glücklicher, und hast einen amerikanischen Pass? Aber aufgewachsen bist du in Europa und hast deshalb auch einen europäischen Pass? Und von welchem Land genau? Bist seit drei Jahrzehnten in Frankreich, aber Staatsbürger bist du hier nicht? Wie soll sich da jemand auskennen bei dir, bei so viel Herkunft?«

Ich bin der Beantwortung seiner Fragen bisher immer ausgewichen. Es ist an der Zeit, denke ich, Hamza angemessen Auskunft zu erteilen. Er dürfte meine ausufernden Erklärungen, sobald sie ins Französische übersetzt sein werden, voraussichtlich nicht lesen. Es sei denn, ich publizierte sie als Mangas.

Die Filmschauspielerin

Ich habe zugegebenermaßen einen etwas peinlichen Hang zu Berühmtheiten. Eine sonderbare Lust, ihnen nahezukommen, sie kennenzulernen, mich mit ihnen anzufreunden. Ich fühle mich in ihrer Nähe wie unter einem Schutzschirm, beruhige mich, bilde mir ein, in ihrem Schatten gut aufgehoben zu sein. Sitzen etwa ein Filmregisseur oder ein prominenter Schlagersänger, eine bekannte Eiskunstläuferin, ein Nobelpreisträger, eine Pianistin oder eine gefeierte Violinistin im Flugzeug mit mir, bin ich überzeugt, diese Maschine werde nicht abstürzen.

Diese Neigung, bei ihnen Nähe zu suchen, führe ich auf meinen dritten Geburtstag zurück, am North Ogden Drive, im Herzen Hollywoods, den ich deutlich erinnere, womöglich weil beide Eltern mir damals zuflüsterten: Diesen Nachmittag wirst du dein Leben lang nicht vergessen. Mutter hatte ihre Freundinnen, die Schauspielerinnen Hedy Lamarr und Paulette Goddard, sowie zwei ihrer verflossenen Liebhaber, Errol Flynn und Paul Henreid, eingeladen, Vater seinen Jugendschwarm Lilli Palmer. Curd Jürgens kam, Alma Mahler brachte den Dirigenten Bruno Walter mit, sie alle und viele andere Gäste umringten mich, als sei ich der jüngst reinkarnierte Dalai Lama. Ich sehe einen kirchenschiffhohen Raum vor mir und mehrere Reihen kleiner hölzerner Stühle, ein kühler Wind weht durch das Haus, obwohl es draußen unerträglich heiß ist, an jenem Dezembernachmittag.

Ich stelle der Filmschauspielerin nach. Wohin geht sie als Nächstes mit den sieben Einkaufstüten, drei in der linken, vier in der rechten Hand? Unentschlossen umrundet sie die Aligre-Halle. Ihre Sonnenbrille wirkt an diesem dunklen, nieselregnerischen Morgen ein wenig fehl am Platz. Sie ist groß gewachsen und viel zu dünn, bewegt sich pantherähnlich. Man sagt ihr nach, sie sei Mythomanin. Mutter Algerierin, der Vater, in Vietnam geboren, wuchs in der Bretagne auf. Die Eltern verprügelten ihre Tochter regelmäßig, als sie in die Pubertät kam. In ihrem ersten großen Film, in dem sie Regie führte und die Hauptrolle spielte, rechnete sie unbarmherzig mit Vater und Mutter ab.

Vorsichtigen Abstand haltend, studiere ich die Kleidung der Pantherähnlichen, eine sorgfältig komponierte Zusammenstellung über Zeiten und Herkünfte hinweg; die eng anliegende, schwarze Jacke, die dunkelgrauen Givenchy-Hosen, die blütenweiße Seidenbluse. Vor einer Woche beobachtete ich, wie sie jedes dieser Stücke bedächtig, geduldig aussuchte, bei Geneviève, hier, am Flohmarkt, der einer der drei Teile des marché d'Aligre ist. Geneviève verkauft die besten Garderoben bekannter Couturiers aus zweiter, dritter, vierter Hand.

Eine alte Bettlerin begrüßt jeden, der ihr über den Weg läuft, sie taucht ausschließlich an Samstagen hier auf, so auch an diesem Samstag vor Ostern, wünscht uns allen einen guten, glücklichen Tag. Langes Kleid, Mantel bis zu den Knöcheln, die Taschen vollgestopft mit Funden aus den Mülltonnen. Die Uralte blickt jeden zuerst ganz offen an, dann lächelt sie süß und ruft mit froher Fistelstimme »Bonne journée!«. Auch die Schauspielerin wird von ihr so begrüßt, woraufhin auch sie entgegnet »Bonne journée!«. Mit Sicherheit hat sich die Bettlerin ebenfalls am Markt eingekleidet, bei den Sauvettes, den

Roma und Sinti, den illegalen Straßenhändlern am Rande der Brocante, bei denen es Waren zwischen ein und drei Euro zu kaufen gibt. Bis die Polizei auftaucht, mehrmals in der Woche. Dann raffen die Sauvettes, Männer, Frauen, Kinder, ihre Sachen zusammen und sind innerhalb von Sekunden, schwer bepackt, in alle Himmelsrichtungen verschwunden.

Der Blumenstand befindet sich nicht weit von Hamzas exotischen Früchten entfernt, vor einem der hohen, schmiedeeisernen Eingangsgitter zur Markthalle. Die Schauspielerin kauft Tulpen, mehrere Sträuße weißer, gelber und roter Tulpen – wie will sie das alles tragen? Biete ich ihr an, sie zu begleiten? Undenkbar, ihre Anonymität zu missachten. Sie bittet Jean-Jacques, den jungen Blumenhändler, er möge ihr die Sträuße in einer halben Stunde nach Hause liefern. La chance! Der Glückliche! Sie lacht laut über einen seiner Scherze, zeigt ihre riesigen, sehr weißen Zähne. Ein Witz, den ich nicht ganz verstehe – ich stehe eine Spur zu weit entfernt, damit die Verfolgte nicht bemerke, dass ich ihr nachspioniere – über eine Schar von Zuhältern, als es die Hallen im Herzen der Stadt noch gab. Die Hallen, die man den Bauch von Paris nannte. Den marché d'Aligre bezeichnete man im neunzehnten und zu Beginn des zwanzigsten Jahrhunderts – da herrschte hier noch weit heftigeres Markttreiben, dichter, lauter, intensiver als heute – als den *zweiten* Bauch von Paris.

Jean-Jacques, das ungewaschene, fettige lange Haar zum Pferdeschwanz gebunden, Arme und Beine von grellbunten Tätowierungen übersät, sieht immer unausgeschlafen aus, er ist laut, ziemlich rabiat und stets betrunken. Oder nimmt er Aufputschpillen? Schnupft er Crack, Kokain, schluckt er Ecstasy? Seine Bewegungen wirken heftig, eckig und hektisch, als bliebe ihm zu wenig Zeit, um noch alle Handgriffe des Tages zu erledigen. In Stundenabständen verschwindet er, um sein Wasser abzuschlagen und den Alkohol- oder Drogenpegel aufzufrischen. Danach sitzt er, die Beine breit von sich gestreckt, sein schwarzer Schäferhund Aztec zu seinen Füßen, in einem der acht Cafés, die den Markt bestücken wie Diamanten eine Brosche, und hebt sein Glas. Währenddessen klagen Mutter und Großmutter, die seine Angestellten sind – sein Vater hat auf dem Sterbebett allein ihm den Blumenstand vererbt –, ihr Leid. Ausgerechnet Jean-Jacques darf der Filmschauspielerin die Blumen liefern?

Die alte Bettlerin hält allen ihr schmutziges Händchen hin, wünscht mit einem Mal niemandem mehr »bonne journée«, blickt düster vor sich hin, flucht auf eine Sinti-Frau, die einen Kinderwagen vor sich herschiebt und ebenfalls aufdringlich bettelt, wobei sie andauernd den Weg ihrer Konkurrentin kreuzt. Die Sinti-Frau mit dem speckig-fleckigen Kopftuch führt jede Woche ein neues ausgeliehenes Baby oder Kleinkind spazieren, nie Buben, immer Mädchen, und je größer das Kind, das sie mitführt, desto schwieriger ist es zu bändigen, denn Vier- und Fünfjährige wollen nicht mehr im Wagen sitzen. Dann brüllt die Sinti-Frau sie nieder, bis sie sich wieder in den Wagen setzen und heulend durch das Marktgelände schieben lassen.

Die Filmschauspielerin steckt der Bettlerin ein Zweieurostück zu, bewegt sich langsam die rue d'Aligre hinauf, in Richtung der rue Faubourg Saint-Antoine. Sie schlendert die schmale Straße entlang, zu den vormittäglichen Marktstunden ausnahmslos Fußgängerzone; zwei Dutzend Gemüse-, Salat-, Obststände, vielleicht sogar mehr, die vor Farben, Formen, Düften gleichsam überschäumen, sind beiderseits wie eine Art Spalier aufgebaut. Ich bewege mich an hoch aufgeschichteten Auberginen-, Tomaten-, Zucchini-, Artischockenbergen vorbei, die üppige Farbenpracht, der Wohlgeruch des ausufernden Obstangebots sind ein nicht enden wollender Genuss. Wohin man blickt: frische Ware, Schönheit, Qualität, und darüber liegt das Geschrei der stolzen Verkäufer. Rhabarber und Ananas, Passionsfrüchte und Kiwis türmen sich neben den saisonalen Gemüsesorten Chicorées und Karotten, Radieschen und Avocados. Der erste Spargel taucht auf, der grüne, aus Nordamerika und China importiert, der weiße Spargel aus den Anbaugebieten im Elsass. Wie zornig vor einigen Jahren Michelle reagierte, die verführerische, zugleich vollkommen unnahbare Verkäuferin an einem der Stände vor der hohen Halle Beauvau, als ich es wagte, im September nach Endivien zu fragen: »Ce n'est pas la saison, monsieur!« Was mir einfalle, außerhalb der Saison Chicorées zu verlangen. Michelle ähnelt eher einer aufstrebenden Bankangestellten als einer Marktfrau; sie hat schon verschiedentlich versucht, mir meine Illusionen von einem Markt ohne Schattenseiten zu rauben. Nur an ihrem Stand könne man ganz sicher sein, Produkte vorzufinden, die nicht von Verbrechersyndikaten wie der italienischen Mafia kontrolliert seien: »Die berühmten Kirschtomaten aus Pachino zum Beispiel, die hier überall, außer bei uns, ausliegen? Die kommen von der sizilianischen ›Stidda‹ und werden um die halbe Welt versandt. Ein Kilo der ›Pomodorini‹ kostet die Hersteller, die afrikanische Sklaven beschäftigen, etwa 40 Cent. In Mailand zahlt man dafür 7,50 Euro, hier am Aligre immerhin 6, in London 12 Pfund, in Kanada mehr als 15 Kanadische Dollar. Sogar beim Kokain ist die Handelsspanne geringer, Koks muss die Mafia ja erst nach Europa schmuggeln, bereits die Logistik kostet enorm viel Geld. Gemüse ist unschuldiger …«

Ich lasse mir meine Freude nicht rauben: Parallel zu den Marktständen säumen Bäckerstuben und enge Läden für Käse, Fleisch und Fisch, für Wein, Tee, Kaffee und Gewürze sowie ein arabischer Friseur, eine Apotheke und zahlreiche kleine Esslokale die rue d'Aligre, vietnamesische, chinesische, thailändische, arabische, italienische Küchen. Ein Dönerimbiss, der unter den Marktleuten als ›Le Grec‹ bekannt ist, nennt sich ›Restaurant Turc‹, dabei sind die Besitzer, meine Freunde Muchtazzar und Dogan, mitnichten Griechen, und Türken schon gar nicht: Es sind Kurden aus dem Norden des Irak. Und sie mögen die Türken absolut nicht.

»Warum nennt ihr euer Lokal dann ›Restaurant Turc‹?«

Dogan hebt die Schultern: »Das kennen die Leute. Aber was Kurden sind, weiß doch kaum jemand …«

Bemerkt denn die Raubkatzenähnliche nicht, dass ich ihr nachspüre? Wittert sie mich nicht? Die portugiesische Käseverkäuferin Matilde winkt ihr zu. Vor über vierzig Jahren kam sie aus Lissabon hier an und blieb – niemand ist länger mit einem Stand am marché vertreten als Matilde. Sie bewohnt ein kleines Studio unmittelbar über ihrem Arbeitsplatz, einem Eldorado französischer, italienischer, spanischer Käsesorten. Sie ist eine Cinemabegeisterte, die Studiofilme vehement ablehnt, hingegen Bergman, Fassbinder, Fellini, Antonioni, Kurosawa, Tarkowski gelten lässt. Unlängst fragte sie mich, ein wenig von oben herab, ob ich je von dem aus Chile stammenden Filmregisseur Alejandro Jodorowskys gehört hätte, war überaus überrascht, dass ich seinen Film ›El Topo‹ bereits 1975 in Santa Monica, in einer Mitternachtsvorstellung eines kleinen Programmkinos gesehen hatte. Die Leinwand des *Nuart*, erzählte ich Matilde, konnte man nur durch einen Schleier wahrnehmen, so dicht war der Marihuanarauch im Saal.

Die Schauspielerin nickt jetzt zurück, kniet zu Matildes Katze Betty nieder, die sich an ihren Knöchel schmiegt.

»Alles unter Kontrolle?«, will Matilde wissen, und die Befragte gibt leise zurück, diesmal höre ich jedes Wort: »Là, je suis dans un état de vide émotionnel …« Sie fühlt sich erschöpft? Emotional entkräftet? Wenn ich ihr nur helfen dürfte!

Mein Nachspionieren erinnert mich an die Konzeptkünstlerin Sophie Calle, die ihre Mutter einmal bat, einen Privatdetektiv zu engagieren, der ihr tage- und nächtelang folgen und der Mutter jeweils berichten sollte, was sie tat, wohin sie ging, mit wem sie sich traf. Der Privatdetektiv ahnte nicht, dass die Frau, die er beschattete, ihn dafür bezahlte, von ihm beschattet zu werden. Er dachte, er wisse weit mehr als Mutter und Tochter, dabei war er der Ahnungslose. Sophie führte ihn durch Paris und zeigte ihm ihre Lieblingsorte: Er sah nur das, was sie ihm vor Augen führen wollte.

Mit elf, zwölf Jahren ging ich nach Schulschluss zuweilen Wildfremden nach, eine Stunde, manchmal zwei Stunden lang, bis die Verfolgten in ihren Haustoren, auf Bahnhöfen, in Bussen oder Straßenbahnen verschwanden. Den schnappe ich mir!, rief ich mir zu, sprach schon damals unentwegt zu mir selbst, allein diese eine Zufallsbegegnung taucht im Rückblick aus der Menge der Beschatteten auf. Warum gerade er? Ein griesgrämiger, älterer Beamter, der das Finanzministerium mit seiner abgeschabten, schwarzen Aktentasche verließ. Ich blieb ihm dicht auf den Fersen. Er führte mich, ohne es zu ahnen, in den Stephansdom, blieb dort lange sitzen, rührte sich nicht. Bis er heftig zu weinen begann, wobei der Kopf höchst seltsam hin und her, hoch und nieder wackelte. Ich folgte ihm, bis er in der Abenddämmerung am Ring – U-Bahnen gab es in Wien noch nicht – eine Tramway bestieg. Danach erst kehrte ich nach Hause zurück, in mein großes Einzelkindzimmer in der Bayerngasse, am Modenapark, nahe dem Heumarkt, um meine Hausaufgaben zu erledigen.

Ich habe die Filmschauspielerin beinahe aus den Augen verloren. Sie überquert gerade mit ihren Einkäufen die verkehrsreiche Rue Faubourg Saint-Antoine, die den marché d'Aligre an seinem nördlichen Rand eingrenzt, abgrenzt. Sie achtet kaum auf den Bus der Linie 86, der ihr im letzten Moment ausweicht. Autos hupen, ein Motorradfahrer macht im Weiterrasen wütende Gesten in ihre Richtung. Ich sehe von der gegenüberliegenden Straßenseite zu, bis die Verfolgte eine rote Holztür erreicht, die Nummer 163, ein zweistöckiges Gebäude, von dem im *quartier* allgemein bekannt ist, dass es in der Mitte des sechzehnten Jahrhunderts errichtet wurde. Ich bilde mir ein, hier schon einmal gelebt zu haben. Nicht unbedingt in diesem Haus, aber in diesem Stadtteil, auf halbem Weg zwischen Bastille und Nation.

Legobauten

Das sonnenhelle Einzelkindzimmer am Modenapark war der erste Ort, von dem ich annahm, er wäre ein bleibendes Zuhause. Heimat, dachte ich, fühlt sich so an. Geborgenheit. Nach Hollywood und der Banlieue von Paris, nach London, München und drei verschiedenen Wiener Mietwohnungen, Orten, an denen jedes Mal behauptet wurde: Hier bleiben wir!, bedeutete das Zimmer am Modenapark endlich eine Wohnstatt, die nicht innerhalb von Wochen oder Monaten wieder aufgegeben werden musste. Für Vater und Mutter war es das erste Mal seit ihrer Kindheit, dass sie, bereits fünfzigjährig, nicht mehr in Untermiete, sondern in einer Wohnung mit eigenen Möbeln lebten – modernen skandinavischen Möbeln, auf einem hellen frisch versiegelten Parkettboden. Das Wohnhaus ein ansehnlicher Neubau, der großzügige Apartments beherbergte. Auf unserer Etage eine breite Terrasse mit Blick über den dritten und den ersten Bezirk, man sah Stephansdom, Karlskirche, am Horizont Kahlenberg und Leopoldsberg.

Auf der Schmalseite meines Königreichs, über dem Bett, hing die Filmschauspielerin Diana Rigg in ihrem orangenen Kampfanzug aus der Serie ›Mit Schirm, Charme und Melone‹. Ihre überlebensgroßen Körperteile schnitt ich über zehn Wochen hinweg aus der Jugendzeitschrift Bravo aus, jede Woche erschien auf Seite 44 ein neuer Körperteil, den ich nach und nach zu einem erregenden Emma-Peel-Ganzen zusammenklebte.

In diesem Zimmer hörte ich an Sonntagen unter der Bettdecke stundenlang Radio, während die Eltern tief in den Vormittag hinein schliefen. Die Decke über den Kopf gezogen, als Dach, ein Gemütlichkeitskokon der zusätzlichen Obhut, in dem es tief innen phantasierte Miniaturzimmer gab, Küche, Salon, Besenkammer, Badezimmer, Schlafzimmer.

Im Winter drang sehr früh von der Straße her, der Himmel noch nachtdunkel, das Schaben der Schneeschaufel des Hausmeisters an mein Ohr. Zudem war das zeitlupenlangsame Klappern von Pferdehufen zu vernehmen: Die Milchflaschen wurden noch mit Pferdewagen ausgeliefert. Als Spielkumpanen gab es niemanden als mich selbst; wir besaßen kein Fernsehgerät, der einzige Sender der Nation übertrug ohnehin nur an zwei Nachmittagen in der Woche Kinderprogramme. Jeder schulfreie Tag, alle Ferien-, Sonn- und Feiertage waren dem Legobau gewidmet. Ich wusste: Ich werde Wohnhäuser, Theater, Museumsquartiere errichten, eines zukünftigen Tages. Und Vaters Freund, der Architekt Richard Neutra, ein Mal im Jahr aus Los Angeles zu Besuch in seiner Geburtsstadt Wien, ermutigte mich. »Schönes Haus, du, ein bisschen zu viele Fenster vielleicht, aber absolut toll, du, ich gratuliere dir«, brummte der weltberühmte alte Mann, und ich baute weiter, immer weiter, Hochhäuser, Parkgaragen, luxuriöse Privatvillen, städtische Schwimmbäder, Kinopaläste.

Nachts musste ein kleines Licht in die Stromdose am anderen Ende des Raumes gesteckt werden, das fahlgrüne Schimmern half, die Angst vor der Finsternis zu zähmen. Angst wovor? Angst vor der Angst. Deutlich. Undeutlich. Andeutungsweise.

In diesem Zimmer habe ich, trotz meiner frühen Absicht, Architektur zu studieren, erstmals den Rausch des Schreibens verspürt. Wir hatten die Sommerferien in einem Graubündner Dorf verbracht, inmitten der Alpengipfel. An einen Holzzaun gelehnt, den Blick ins Inntal Richtung Ardez schweifen lassend, erlebte ich in Tarasp zum ersten Mal – mit zehn Jahren wohl ziemlich spät! –, vollkommen eigenständig denken zu können. Nicht länger ausschließlich unter der Glocke des elterlichen Diktats zu leben, allein Schritte setzen, Entscheidungen treffen zu können, ohne Rückfrage, ohne Rückversicherung, ein wundersamer Befreiungsschlag des Kindes, das bis dahin seine Frühstücksbrote ohne Erwachsenenhilfe nicht zu streichen imstande war. Eine Kurzgeschichte entstand gleich nach der Rückkehr auf dem schmalen Bett im Modenaparkzimmer, im Schneidersitz kauernd, zu Diana Riggs Füßen: Ich sehe einen Detektiv vor mir, der mit seinem Assistenten die steile Straße vom Schloss ins Dorf hinabschreitet, um den Mord an der blutjungen Bäuerin Valeria Stecher aufzuklären. Der Detektiv ein spindeldürrer Riese, sein Assistent ein dicker Zwerg. Die fünf eng beschriebenen Blätter, voller Tintenflecke, legte ich in dem gelben Pappkartonbriefkasten ab, der meine Schätze barg, den Kompass, die Vergrößerungsgläser, eine farbfotografische Büstenhalter-Werbung, einen Schnipsel aus einem 16mm-Dokumentarfilm, den mein Vater einst gedreht hatte: ›Europa Richtung 2000‹. Auf den schwarzweißen Kadern war eine belebte Pariser Caféhaus-Terrasse deutlich zu erkennen. Ein Autobus mit der Aufschrift Gare de Lyon, seiner Endstation, schob sich ins winzige Bild.

Den Briefkasten aus Pappe und seinen kostbaren Inhalt gibt es längst nicht mehr, er ging bei einer der so zahlreichen, schon bald danach einsetzenden Übersiedlungen verloren.

Wir wanderten weiter, von Stadt zu Stadt, von Wohnung zu Wohnung, konstant auf Heimatsuche. Keineswegs verfolgt, nicht vertrieben oder auf der Flucht, im Gegenteil, nur rastlos, ewig unzufrieden, immer auf der Jagd nach dem idealen Ort, den es nicht gibt auf Erden.

Mein Zimmer in der Welt

Mein Markt – im Osten der Stadt und im Herzen des zwölften Arrondissements – liegt vom Gare de Lyon, von dem aus man in die Bourgogne, nach Südfrankreich, Italien, in die Schweiz reist, zu Fuß fünf, sechs Minuten entfernt.

Mein marché d'Aligre.

Mein marché?

Will ich damit sagen, der Markt gehöre mir? Ich gehöre vielmehr dem Markt. Der Aligre dominiert mein Leben, verfügt über Magnetkräfte, die mich an Paris ketten. Es sind freiwillig angelegte Ketten, die ich trage, geflochten aus Liebe, Sehnsucht und Zugehörigkeitsgefühl. Nach zwölf Übersiedlungen im Verlauf der Jahrzehnte bilde ich mir ein, hier, in diesem *quartier* in Bahnhofsnähe, *in this hood*, beheimatet zu sein.

Señor Pedro aus Sevilla ist für mein Gefühl der eigentliche Torwächter des Marktes. Wie ein Werwolf sieht er aus, mit seinem wuschelig dichten, gelbgrauweißen Bart und den stark geröteten Augen. Zu jeder Tages-, Nacht- und Jahreszeit steht, hockt, liegt er an der Ecke rue de Charenton und rue d'Aligre. Er schläft auch hier, von einem schmalen Dachvorsprung kaum geschützt. Hin und wieder wird er von der Rettung abgeholt, verschwindet dann jeweils tage-, zuweilen wochenlang in einem der städtischen Krankenhäuser. Doch er kehrt immer wieder an seine Torwächterecke zurück. Der heimatlose Zerberus lebt seit sechs Jahren hier, auf der Straße. EsDéEff, SDF, nennt man in Frankreich Männer und Frauen, die, wie Señor Pedro, Sans Domicile Fixe, ohne festen Wohnsitz leben. Ich verstehe von seinem konstanten Gemurmel selten ein Wort, stecke ihm hier und da ein paar Münzen zu, viel zu wenig Geld, lächerlich wenig. Heute flüstert der Alte nur, ausnahmsweise verstehe ich ihn etwas besser: »Chui réincarnation d'ambassadeur Pedro Pablo Abarca de Bolea …« Das wusste ich bisher nicht: Er sei die Reinkarnation eines adeligen spanischen Politikers, der vor zweihundertundfünfzig Jahren seine Nation als Botschafter in Paris vertreten habe, damals, als Louis XVI. den Thron bestieg und das Land während der Erstürmung der Bastille regierte, bis er schließlich hingerichtet wurde. Ich gebe Señor Pedro an diesem Ostersonntag etwas mehr Kleingeld als sonst.

Der Nieselregen der letzten Tage hat nachgelassen, es herrscht wolkenloses Frühlingswetter. Alle Stände haben geöffnet, sowohl in der hohen Halle als auch in den umliegenden Gassenzügen. Der Aligre bleibt selbst an den höchsten Feiertagen geöffnet, die muslimischen, jüdischen, jesidischen, buddhistischen Verkäufer und Verkäuferinnen halten zwar mitunter ihre Feste ein, aber zu Ostern, Pfingsten, Weihnachten, Silvester sind sie alle da. Kein anderer Markt der Metropole hat an sechs Tagen der Woche geöffnet. Auch der Flohmarkt unterhält am Morgen des Ostersonntags normalen Betrieb.

Täglich fahren ab halb zwei Uhr mittags kleine wasserspeiende, straßenbürstende Reinigungswagen mit tosendem Lärm durch den Aligre, verwandeln ihn in ein Kampfgebiet: Man geht dieser Kavallerie grüner Wasserwerfer en miniature tunlichst aus dem Weg, flieht vor ihnen. Wer spät zum Markt kommt, hat mitunter Glück, denn Minuten vor dem Auftauchen der kleinen Wasserwerfer kann man zum halben Preis einkaufen, da verschleudern die Händler nicht selten ihre Ware zu Niedrigstpreisen, um sie nicht erneut einpacken und aufheben zu müssen.

Um vier Uhr nachmittags öffnen sowohl die kleinen Läden links und rechts entlang der rue d'Aligre wie auch die Halle wieder, bis halb acht Uhr abends. Die freistehenden, mit Zeltplanen überdachten Verkaufstische des marché sind dann verschwunden, tauchen erst im Morgengrauen des nächsten Tages wieder auf. Zu jeder Jahreszeit und bei jedem Wind und Wetter, ausnahmslos, Tag für Tag, sind alle Markthändler hier, sowohl die Betreiber der Gemüse- und Obststände, als auch die Flohmarktverkäufer, selbst wenn es stürmt, schüttet, hagelt. Bei Graden unter null, bei Temperaturen über dreißig Grad: beinharte Arbeiter, seit mitten in der Nacht unterwegs, ihrer Tätigkeit vollkommen hingegeben. Montage sind die Ausnahme, da wirkt der Markt wie ausgestorben, alles bleibt geschlossen, von ein, höchstens zwei kaum besuchten Cafés abgesehen.

Die mächtige Halle, 1781, acht Jahre vor der französischen Revolution von dem frühklassizistischen Architekten Samson-Nicolas Lenoir erbaut, ist nach Gabrielle-Charlotte de Beauvau, der Äbtissin eines benachbarten Klosters, benannt, die das Grundstück 1776 verkauft und dadurch mitgeholfen hatte, den marché aus der Taufe zu heben. Damals befand sich das zwischen der Abtei Saint-Antoine und einem nahe gelegenen Hospiz für Findelkinder gelegene Stück Land noch außerhalb der Stadtgrenze inmitten brachliegender Feuchtgebiete und Weidegründe. Bereits in den letzten Jahren des Ancien Régime begann der Markt zu florieren, galt unter anderem als wichtigster Verkaufsort für Heu. Hierhin kamen die Pferdebesitzer der Stadt – in Paris lebten damals Tausende Pferde –, um sich zu bevorraten. Man erzählt sich bis in unsere Tage, dass das in der Halle gestapelte Heu während der Revolution von den Aufständischen geplündert und zur Inbrandsetzung der unweit befindlichen Gefängnisfestung Bastille verwendet wurde. Die revolutionäre Tradition des Stadtviertels nahm in jenen Tagen ihren Anfang.

Die Bezeichnung Aligre kam dem gesamten Marktgebiet erst Mitte des neunzehnten Jahrhunderts zu, in Erinnerung an die Witwe eines hohen Staatsbeamten, einer Wohltäterin jenes hospice des enfants trouvés, des Heims für Findelkinder. Ein Markt, der seit seiner Gründung für die Armen des Bezirks gedacht war: Hier sollte es ihnen möglich sein, gebrauchte Waren zu tauschen und Lebensmittel zu Billigpreisen zu erstehen sowie Bücher, Kleider, Bettwäsche vorzufinden. Sichtbare und unsichtbare Grenzen setzen diesen kleinen Stadtteil von seiner Umgebung ab; die drei Bereiche des Aligre sind seit seinen Ursprüngen: die Halle, die Gassen mit ihren offenen Ständen und der Flohmarkt. Und das alles breitet sich auf engstem Raum aus, bevor es in der Morphologie der umliegenden Stadt aufgeht – einer Stadt, die ich seit den frühen Kindheitsjahren als Teil von mir empfinde.

Der erste Film, den ich im Leben sah, am Wilshire Boulevard in Hollywood, hieß ›Le ballon rouge‹. Ich war sechs Jahre alt, wie auch der Bub im Film, den ein roter Heliumballon auf allen seinen Wegen durch die Gassen des nördlichen Stadtbezirks Ménilmontant begleitet, damals noch ein wildes Geflecht aus verfallenden Häusern, engen Durchgängen, Wiesenflächen, kleinen Geschäften. Der Ballon folgt dem Jungen in die Schule, in die Kirche, schwebt in Wartestellung vor seinem Schlafzimmerfenster. Nachdem Kinder aus der Nachbarschaft alles darangesetzt haben, den roten Ballon zu zerstören, reißen sich in der ganzen Stadt Ballons los und fliegen zu dem Jungen, der sie allesamt zusammenbindet und sich in den Himmel tragen lässt, hoch über der Stadt. Ich habe mich damals in Paris verliebt.

Die hufeisenförmige Place d'Aligre ist Mittelpunkt des Marktes, von dem fünf kurze Straßenzüge sternförmig abzweigen: rue de Cotte, rue Emilio Castelar, rue Théophile Roussel, rue Beccaria und rue d'Aligre. Die Rückseite des Platzes bildet ein mächtiger, achtstöckiger Gemeindebau, der die Krümmung eines Hufeisens nachzeichnet und einer überdimensionalen Wand gleicht, die den Platz nach außen hin abschließt. Das Gassengeflecht und sein Hauptplatz bilden ein Dorf inmitten der Metropole. Seinen Dorfcharakter haben der Markt und seine unmittelbare Umgebung trotz aller Erneuerungen beibehalten, die Gassen- und Straßenzüge, Durchgänge und kleinen Plätze sind seit dem Mittelalter an unveränderter Stelle verblieben, tragen zum Teil noch ihre ursprünglichen Namen: Cheval-Blanc, Main-d'Or, Bonne-Graine, Forge-Royale. Bevor der Markt hier Einzug hielt, war das Quartier bereits für seine Kunsttischler und Möbelmacher berühmt, unter Louis XIV. galten die hier hergestellten Möbel als die schönsten der Welt.

Aligre heißt mein Dorf in der Stadt, mein Zimmer in der Welt. Wie jeden Sonntagmorgen tauche ich vor dem Ansturm der Massen auf, spätestens um neun Uhr, wer später kommt, muss mit langen Warteschlangen rechnen, vor nahezu jedem Stand.

Ich bin mit dem Einkaufswagen ausgerüstet, rolle ihn hinter mir her, obwohl Madeleine, die zarte Kaffeesiederin, die ich später aufsuchen werde, diesen Wagen vollkommen *uncool* findet. Erst nach Jahren gab sie zu, den blauen Metallwagen als unerträglich altväterlich zu empfinden. Ich nehme an, schon allein aus diesem Grund hätte ich nicht die geringste Chance, sie je zu bezirzen, sooft ich mir auch ein Stelldichein zusammenreime.

In meinen Pariser Anfangsjahren kaufte ich den Wein in einem kleinen Laden der rue d'Aligre, den es längst nicht mehr gibt. An drei Tagen der Woche arbeitete dort Leira, eine großgewachsene Schönheit aus Málaga. Meine Flirtversuche schlugen von Anfang an fehl. Sie lachte mich aus: Niemals würde sie mit einem Mann ausgehen, der mit einem solchen Einkaufswägelchen am Markt erscheint. »Quelle horreur!«, fauchte sie mit andalusischem Akzent, die rr's wild rollend.

Vormittagslicht

Hamza winkt mir zu. »Shalom, chaver, boker tov!«, ruft er, es sind die neuesten hebräischen Wörter, die er gelernt hat. Er hält mich seit Jahren für einen Mossadagenten, ich lasse es zu, wehre mich nicht gegen seinen nur halb im Scherz gemeinten Verdacht. »Ziemlich undurchsichtig, unser Markt, selbst für einen wie dich, was?«, setzt er hinzu, verwendet das schöne französische Wort: *opaque*. Hamza lacht mich aus: »Du hast noch nicht einmal durchschaut, wer wessen Bruder, Onkel, Schwester, Tante ist. Der kleine hässliche Zwerg Samir, so hast du ihn unlängst genannt, den Obsthändler vom anderen Ende der Straße, hast dich über ihn lustig gemacht, das ist der Bruder meiner Mutter, nur, dass du's weißt! Du erkennst auch nicht, wer mit wem verfeindet ist und wer eine Verbrechervergangenheit mit sich herumschleppt. Du glaubst, am Aligre herrsche Friede, jeder ist des Nächsten Freund, dabei sind sogar meine engsten Kumpel ärgste Konkurrenten.«

Ich kaufe Grapefruit an einem Stand, an dem der langhaarige Bohumil arbeitet, als Angestellter seiner uncharmanten israelischen Ehefrau, die hier erfreulich selten auftaucht, um nach dem Rechten zu sehen. Wir besprechen die neuesten Entwicklungen in Bohumils ehemaliger Heimat, die er verlassen hat, als sein Geburtsland noch Tschechoslowakische Republik hieß.

»Hast du je das Klavierkonzert Nummer 21 von Mozart mit

dem Prager Kammerorchester gehört?« Er spricht gut Deutsch: »Paul Badura-Skoda am Flügel! Mein Bruder František im Orchester: dritte Geige! Der zweite Satz? Paradies auf Erden. Die schönste Aufnahme jemals! Kann ich dir borgen. Du besitzt keinen Plattenspieler? Wie kann man schöne Musik hören, ohne Plattenspieler? Du musst dir einen Plattenspieler besorgen! Suche auf dem Flohmarkt! Auf der ›Brocante‹ gibt es alles.«

Liam mischt sich ein, der Möbeldesigner und Innenarchitekt mit den Gesichtszügen eines Adonis aus dem Werbeprospekt für Gucci oder Ralph Lauren. Der elegante Mann hat eine Vorliebe für exotische Früchte, die Bohumil zu teuersten Preisen anbietet. Liam pflichtet Bohumil bei, wer keinen Plattenspieler besitze, sei zutiefst zu bemitleiden. Sohn englischer Eltern aus Hongkong, wo er zur Welt kam, wuchs er zunächst in Neuseeland auf, bevor er als Zwanzigjähriger nach Taiwan zog, fließend Chinesisch lernte und in Taipeh zu studieren begann. »Aber ich fühlte mich dort nie zu Hause, niemals, bekam die entsetzlichsten Depressionen. Fragte mich jeden Morgen: Wo gehörst du hin, Liam?« Während eines Erdbebens, im Schutzraum eines Einkaufcenters, lernte er Odile kennen, eine Französin, und verließ Taiwan mit ihr wenige Monate später. Das junge Paar ließ sich vor zehn Jahren in Paris nieder. »Seit ich hier lebe, neben dem Markt, kenne ich das schöne Gefühl, das mir zuvor vollkommen unbekannt war: *Das* ist der Ort, an den ich gehöre. Was hier alles gut funktioniert, darüber könnte man ein tausendseitiges Werk verfassen. Aligre ist der Mikrokosmos einer idealen modernen Gesellschaft mit Modellcharakter für Städte, für ganze Staaten. Die Art, wie Menschen aus aller Welt hier miteinander umgehen, die architektonische Realität des *quartiers*, seine Gassen, seine Wohnhäuser, die

Hinterhöfe, die Cafés und kleinen Lokale, der Markt an sich. Der Aligre erlaubt es uns, in die Seele Frankreichs zu blicken … Gut, dich muss ich ja wohl nicht überzeugen?«

Habib, der Tunesier, am Stand direkt gegenüber von Bohumil, schenkt mir drei Avocados, ich weiß nicht, wie ich zu dieser Ehre komme, frage nicht nach, sonst überlegt er es sich womöglich. Als ihm unlängst ein Zweicentstück zu Boden fiel und sein Mitarbeiter es nicht gleich aufhob, übersetzte ich ihm einen Satz aus meiner Kindheit: »Wer den Groschen nicht ehrt, ist des Talers nicht wert.« Habib rief sogleich Achir, seinen algerischen Helfer herbei, wiederholte, was ich ihm soeben mitgeteilt hatte. Und beide versprachen einander, in Zukunft weit aufmerksamer auf jeden Cent zu achten. Habib sagt von sich selbst: »Ich trage das Geld in meinem Herzen.« Er ist der einzige mir bekannte Markthändler, der keinen elektronischen Taschenrechner verwendet. Er kritzelt die Preise der Waren, die man ihm abkauft, à l'ancienne, ganz auf die alte Art mit weißer Kreide auf den Deckel einer Holzbox, in der auch seine Einnahmen und das Wechselgeld liegen, hämmert die Zahlenkolonnen mit großer Geschwindigkeit auf die beigegelbe Fläche, hat sich beim Zusammenzählen, schwört er mir, noch kein einziges Mal verrechnet.

Ich hätte große Lust, selbst einige Tage als Obst- oder Gemüseverkäufer zu arbeiten: den Umgang mit der Kundschaft zu erleben, die Ware auszuhändigen, das Geld zu kassieren. Ich werde Habib oder Hamza demnächst bitten, eine Zeit lang bei ihnen als Helfer einspringen zu dürfen.

»Ein Jammer, dass du nur zwei Hände hast!«, bemerke ich, wenn Habib wieder einmal, wie so oft, mehrere Kunden gleichzeitig zu bedienen hat, Ware aushändigt, gleichzeitig seine Preise auflistet, und sein Mitarbeiter gerade ebenfalls beschäftigt ist. Woraufhin er ohne zu zögern entgegnet: »Hätte ich vier Hände, ich wäre Milliardär!«

Ich wandere zum Fischgeschäft weiter, das Angebot ist überwältigend, es sieht aus, als sei vor Minuten ein Füllhorn aus den Weltmeeren hier ausgeschüttet worden: Austern, Miesmuscheln, Venusmuscheln, Meeresschnecken, in allen Größen und Farben, Langusten und Shrimps, Tintenfisch und Lachs, Seezungen, Seebarsche, Forellen, Rochen, Steinbutt und Schwertfisch, Meeräschen, Seeteufel, Meerbarben, Goldbrassen, Rotzungen und Thunfisch. Und weit mehr als das, alles auf Eis ausgelegt und im kühlen Sonnenlicht glitzernd.

Die konstant unausgeschlafene Jamila aus Marokko will wissen, wie es mir in dieser Nacht ergangen sei.

»Bestimmt nicht besser als Ihnen!«

»Woran merkst du, wie schlimm meine Nacht war?«

»Verzeihung, aber das sehe ich Ihnen an.«

»Mein Mann verlässt mich. Endgültig.«

»Er ist Ihrer nicht würdig.«

»Das ist lieb. Aber das hilft mir auch nicht weiter. Womit kann ich dienen?«

»Dieses Stück Kabeljaufilet. Reicht das aus, für drei?«

»Sicher«, meint Jamila und beschreibt, wie der Fisch zuzubereiten sei, sollte ich die Küche für Frau und Tochter übernehmen. »Aber ich dachte … bist du denn nicht geschieden?«

»Wir haben uns versöhnt … zumindest vorläufig. Erzähle ich Ihnen ein anderes Mal.«

»Du kannst mich ruhig duzen, nach den zwanzig Jahren, die wir uns jetzt kennen.«

Als ich *sans contact* bezahlen, die blaue Plastikkarte bloß auf das kleine Terminalfenster legen will, sie weder in das

Gerät einzuführen noch den Pin einzutippen gedenke, stoppt und ermahnt mich Jamila: »Nur ja nicht! Kontaktloses Bezahlen? Kommt bei mir nicht in Frage. Das wäre ja noch schöner. Der Kontakt zur Kundschaft ist ohnehin schon so unglaublich gering geworden. Wird man in Zukunft überhaupt noch mit irgendjemandem sprechen, wenn man einkaufen geht? Bei mir bezahlst du mit deinem Code, langsam, normal, in Ruhe!«

Bei dem jungen, aus dem Libanon stammenden Monsieur Majzoub kaufe ich manchmal Halalfleisch, nicht zuletzt da seine Preise um fast die Hälfte niedriger sind als jene seiner französischen Konkurrenten. Zum ersten Mal fällt mir ein an der Wand des Ladens festgemachtes Plakat auf, darauf wird der genaue Vorgang des rituellen Schlachtens mit Sätzen aus dem Koran untermauert. Als Schlachter, so erfährt man hier, seien auch »geschlechtsreife, seelisch ausgeglichene Frauen« zugelassen. Ich frage Monsieur Majzoub, was er von der in Europa nahezu allerorten immer lauter werdenden Kampagne gegen das rituelle Schlachten halte. »Ich kaufe immer, seit Jahren schon, vom selben Großhändler und gehe selbst kaum noch in die Schlachthöfe. Das Ganze ist wirklich kein schöner Anblick«, antwortet er. »Dass die Tiere mit dem Kopf in Richtung Mekka ausgerichtet werden, bevor der Schnitt erfolgt, das gefällt mir, das bewegt mich. Aber was danach folgt: lieber nicht darüber nachdenken.« Ein schönes Lächeln huscht über das sensible Gesicht mit dem Dreitagesbart. »Wenn man anfängt, darüber nachzudenken«, fährt er fort, »wird einem ganz mulmig zumute. Und Sie sollten auch nicht so viel darüber nachdenken, sonst verliere ich ja einen Kunden!« Ich möge bedenken, dass die Tiere nach dem Schnitt durch die Kehle »mit Sicherheit sofort das Bewusstsein verlieren« und dass das Fleisch ausgebluteter, rituell geschlachteter Tiere, entgegen den Behauptungen der so wortgewaltigen Halal- und Schächtgegner, »besser verdaulich« sei als jenes der konventionell getöteten. Er sieht, wie blass ich geworden bin, fügt rasch hinzu: »Bei Hühnern und Truthähnen geht alles viel schneller vorbei – und vor allem rein mechanisch, die Tiere werden maschinell getötet, ohne zu leiden, glauben Sie mir.« Er verkauft mir drei Truthahnschnitzel. Sie werden noch Tage später unberührt im Kühlschrank liegen.

Und so geht es weiter, von Stand zu Stand, überall sind Begrüßungen auszutauschen, Hände zu schütteln, preisen Marktverkäufer – es sind nahezu ausschließlich Männer – mit lautem Singsang ihre Waren an, werden Obststücke zum Kosten angeboten. Niemand spricht hier akzentfreies Französisch, jeder zeichnet sich durch seinen ihm eigenen, immer mitschwingenden maghrebinischen Sprachklang aus. Hat man einem arabischen Händler die Hand gereicht, führt er sie in einer schönen Geste sogleich an sein Herz, als Zeichen, es »von Herzen« gemeint zu haben.

»Cadeau!«, ruft der Gemüseverkäufer Khalil, zwei Kilo Karotten nur zwei Euro, ein Geschenk, »tout cadeau, tout cadeau!«, ruft ein anderer: »Six avocats deux euros! Dix citrons: deux euros. Ma belle mère: deux euros!« Auch seine Schwiegermutter verkauft er für zwei Euro, sicher ein Geschenk des Himmels.

Beim Salatstand eines mir unbekannten Händlers kaufe ich eine Handvoll Rucolablätter, der junge Bursche will zwei Euro siebzig dafür, ich trage im Moment nur Banknoten in der Tasche. »Ich kann dir nicht rausgeben«, stöhnt er, »nimm das Zeug. Kannst mir's ja ein anderes Mal bezahlen … Ich werde es allerdings vergessen. Denn der, der gibt, vergisst. Der, der nimmt, vergisst nicht.«

Am nächsten Eck: der zwergwüchsige syrische Zeitungsverkäufer Rafik, die französischen Sonntagszeitungen liegen bei ihm aus, er hat sie mit großen Kartoffeln beschwert, damit sie im Wind nicht davonflattern. Er preist die Blätter an, als seien es günstige Lebensmittel.

Ich halte Ausschau nach der Filmschauspielerin, sie scheint heute nicht aufgetaucht zu sein. Stelle mich an den verschiedenen Ständen in die Nähe von Frauen, deren Gesichtszüge mich anlocken, verlocken, selbst dann, wenn zunächst nichts als ihr Profil zu erkennen ist. Beobachte sie, von der Seite her, lausche ihren Stimmen, studiere ihre verführerischen Regungen. Jede Handbewegung, Fingerkrümmung, jeder Nagellack interessiert mich, ihr Haarschnitt, die Haarfarben. Ihre Art zu gehen, zu schlendern, zu schreiten, die Körperhaltungen, das alles zieht mich ungemein an. Die Frauen stellen meine einzige Religion auf dieser Welt dar, so hat Honoré de Balzac es einmal in einem Brief an seine ferne Auserwählte, die Baronin Hańska, formuliert.

Ich stehe lauernd da, ein Raubtier, das sein Wild wittert. Wenn sie weiterschreiten, die Beobachteten, ist die Reihe plötzlich an mir, man will mir das Kilo Äpfel zu einem Euro fünfzig überlassen. Ich kaufe die doppelte Menge, meine Absichten dürfen nicht durchschaut werden. Nichts fasziniert mich mehr als die Frauen. Ihr Freund zu sein. Sie zu umarmen. Sie zu lieben. Ihre Nähe zu spüren, ihre Gedanken zu erahnen. Mit ihnen zu streiten. Mit ihnen nicht zu streiten. Beisammen sein, so oft und so erschöpfend wie nur möglich.

Madeleine erwartet mich, oder bilde ich mir das ein? In der Regel tauche ich kurz vor zehn Uhr im Kaffeegeschäft ihres Schwagers auf, mit dem von ihr verachteten Metallwagen im

Schlepptau. Der Laden steht zur Straße hin offen, es gibt keine Tische, keine Stühle, man lehnt an einem hellgrünen Resopaltresen, halb im Freien, halb unter dem Dach, im Winter friert man hier ein bisschen. Madeleine hantiert ohne Unterlass an der Espressomaschine, findet den Moment, in dem sie mich auf die Wangen küsst – und ich küsse ihre Stirn, eine Spur zu lange.

»How *are* you?!«, fragt sie so nachdrücklich, als meine sie es ernst mit mir, als erwarte sie eine ausführliche Antwort. Sie hat eine gescheiterte Ehe in Boston hinter sich, spricht beinahe ausschließlich Englisch mit mir. Sie hört kaum hin, wenn ich antworte, bereitet ständig weitere Tassen zu, der Strom neuer Kunden bricht nicht ab. In der anderen Hälfte des Raumes wird Kaffee in frisch gemahlenem Zustand oder in Bohnenform verkauft, eine große Auswahl an afrikanischen und südamerikanischen Sorten; Sala, der viel zu magere, drahtige Kabyle, der in seiner Freizeit sämtliche Lieder von Cat Stevens auswendig auf der Gitarre spielt, arbeitet hier vormittags, die aparte Makiko aus Kyoto am Nachmittag. In der Mitte des Geschäfts steht eine Kaffeeröstmaschine, sie ist sehr groß, sieht wie ein Schiffsmotor aus und gibt auch ähnliche Geräusche von sich, sobald man sie in Gang setzt. Der Duft im offenen Raum ist betörend, wenn die Rohbohnen – aus Kenia, Somalia, Brasilien, Uruguay, Kuba – der großen Hitze der Maschine ausgesetzt werden.

Als Kinder wanderten Madeleine und ihre Schwester Sophie – bei ihrer Geburt hießen sie noch Lea und Sarah – mit ihren Eltern nach Frankreich aus. Als christliche Familie, nördlich von Aleppo ansässig, nahe der türkischen Grenze, fühlten sie sich lange vor dem syrischen Bürgerkrieg in ihrer Heimat nicht mehr sicher.

»I'm in love, my dear ...« Zwischen zwei Handgriffen

findet Madeleine einen Moment, sich mir nochmals zuzuwenden. Bevor ich nachhaken kann, erzählt sie bereits von Giacomo, einem italienischen Journalisten, der sie absolut glücklich mache. »Alles passierte so plötzlich. Die Familie ist natürlich gegen ihn, wie sie immer gegen alles ist, was ich tue und mit wem ich zusammen bin. Meine gescheiterte Ehe reicht ihnen als Beweis, dass ich alles falsch mache. Das war ja auch eine Verirrung, der Amerikaner, ein Alkoholiker, weißt du? Aber er ist der Vater meiner süßen kleinen Anémone. Mein Leben mit ihm – schrecklich. Eine Katastrophe. Ich bin so froh, dass ich neu beginnen kann.«

Es verschlägt mir die Sprache. Ich hatte vor, an diesem Morgen all meinen Mut zusammenzuraffen und Madeleine zu fragen, ob sie in den nächsten Tagen ihre Mittagspause mit mir teilen würde, in einem engen Lokal in der parallel verlaufenden rue de Cotte. Jetzt flüstere ich nur: »Wie schön für dich. Dass du mit ihm glücklich bist.«

Sie kehrt mir den halbnackten Rücken zu, mich wundert, dass ihr nicht zu kalt ist. Neue Kunden bestellen heiße Schokolade und »vier Tassen Espresso, davon zwei doubles«. Madeleine bemerkt nicht, dass ich weitergezogen bin, das liebe kleine Café Aouba am Ende der rue d'Aligre abschiedslos verlassen habe. Ich gehe meinen Einkäufen langsamen Schrittes weiter nach, dem wärmenden Vormittagslicht entgegen, bei nahezu wolkenlosem Ostersonntagshimmel.

Hohe Warte

Àpropos Ostern: Wir feierten Ostern, nicht Pessach, als ich aufwuchs. Erst während eines Studienaufenthalts in Jerusalem, als ich eine Talmud-Thoraschule besuchte, zu einer Zeit, da ich mir noch einbildete, Rabbiner werden zu wollen, wurde mir beigebracht: Der meschuggene Jude Joschka saß dem Sedermahl seiner zwölf Jünger vor, als die römischen Schergen kamen, ihn zu verhaften. Der Karfreitag entspricht dem ersten Sederabend des Pessachfests.

Als Kind musste ich Ostereier bemalen, Jahr für Jahr, sehe eine Riege Au-pair-Mädchen vor mir – keine hielt es lange bei uns aus –, wie sie ein Dutzend Eier abkochten, die sie mir dafür überließen; der ölige Geruch der Crayola-Wachsstifte, die meinem unbeholfenen Versuch dienten, die schneeweißen Schalen zu verschönern, lagert deutlich in den Erinnerungszellen. Assimilierter ging es nicht: Die Juden-Eltern versteckten am Morgen des Ostersonntags – immerhin Symbol der wundersamen Auferstehung – die von ihrem siebenjährigen Kind bekritzelten Ostereier im großen verwilderten Garten einer Villa am Stadtrand von Wien, in die wir eingezogen waren, nachdem wir Hollywood endgültig verlassen hatten. Die Mehrzahl der versteckten Eier fand ich nie, und da Mutter vergessen hatte, wo sie versteckt waren, tauchten sie auch nicht wieder auf, höchstens Wochen später in verfaultem, stechend-stinkendem Zustand.

Das Jugendstilhaus auf der Hohen Warte gehörte Borghilde Amundsen, einer herrischen Norwegerin, Witwe eines österreichischen Malers, dessen grauenhafte Stillleben, verfaulte Früchte, totes Wild, aufgeschlitzte Fischleiber, in den Korridoren hingen, auf Schritt und Tritt begegnete man ihnen.

Im Garten gab es ein ovales, steinernes Schwimmbecken, nicht besonders groß, das ganze Jahr über blieb es ohne Wasser. Beim Spielen mit der gleichaltrigen Nachbarin, auf dem schmalen Beckenrand entlanglaufend, Nini hinterherhechelnd, rutschte ich aus. Stürzte auf den Grund des leeren Beckens. Blieb bewusstlos auf dem Rücken liegen, minutenlang. Konnte nicht atmen, als ich zu mir kam. Erst Ninis Kuss holte mich ins Leben zurück.

»Willst du mich heiraten?«

»Nein …«, antwortete ich, ohne zu zögern.

Sie spielte nie wieder mit mir.

In einem Seitenarm des Gartens stand ein kleiner, etwas verwachsener Baum mit korkreicher Rinde, der eher in die Breite als in die Höhe strebte. Ich kletterte viel auf ihm herum und sprach oft mit ihm: Ich fühle mich dir verbunden, flüsterte ich, wir sind verwandt. Ich bin dein Baum, antwortete er, ich bin dein Ast- und Blätterdach. Wir kennen uns aus vergangenen Leben. Ich bin nicht zum ersten Mal hier. Du bist nicht zum ersten Mal hier.

In seinem Schatten etwas anzupflanzen war die Idee meines Baums. Ich beschaffte uns Samen: Karotten, Radieschen und Erbsen. Grub mit roter Sandstrandschaufel tiefe Löcher ins Erdreich, schüttete den Inhalt der jeweiligen Tütchen hinab, warf viel Erde darauf und wunderte mich, warum kein einziger Trieb je aus dem Boden hervorkroch. Fragte meinen Baum, wie das möglich sei, er empfahl, Erwachsene zu Rate zu ziehen. Wir erhielten keine Antwort – und meine tief in Erdlöchern vergrabenen Anpflanzungen haben nie Früchte getragen. Wie sollten sie denn auch? Erwachsene sind ahnungslos, ließ mein Baum mich wissen. Ich stimmte ihm zu. Er flüsterte: Hol mir einen der fetten Goldfische aus dem Becken dort drüben, lass ihn langsam zu Tode zappeln und begrabe ihn dann hier, unter meinen Stämmen, unter deinem Dach, das dein Zuhause ist.

Wochenlang heckte ich den befohlenen Fischmord aus, mit heftigen Erektionen bei dem Gedanken an die Vollstreckung unseres geheimen Vorhabens. Und endlich kam der Tag, an dem ich den kleinen Eimer aus dem Schrank holte, um zur Tat zu schreiten; das Herz klopfte wie nie zuvor in meinem Leben. Ich stand vor dem Becken, die Fische tauchten an die Oberfläche, in der spielerischen Vorfreude auf Futter. Ich senkte den Eimer ins Wasser, um den weißen Fisch mit den roten Streifen zu erwischen, den ich von Anbeginn auserwählt hatte –, weil er so anders aussah als alle anderen. Der Eimer berührte bereits seine Schwanzflosse, als Borghilde Amundsens Stimme ertönte: »Kind! Was machst du denn da? Sofort aufhören, aber *sofort*!« Sie stand im seidenen Schlafrock am offenen Fenster, in meinem Rücken, im ersten Stock. Es war das erste Mal, dass ich die erschreckende Sensation Gänsehaut am ganzen Leib spürte. Wie aber konnte die Witwe meinen Plan durchschaut, den Befehl meines Baums, der unbedingt zu erfüllen war, erraten haben?

Beschämt über meine Niederlage hockte ich reglos unter dem Baumdach, stammelte Entschuldigungsmantras vor mich hin, versprach, es sehr bald erneut zu versuchen. Doch dann kamen die Regengüsse des Monats April, die Ausführung des Plans musste verschoben werden.

Zehn Tage nach dem fehlgeschlagenen Tieropfer bezogen neue Mieter die Villa. Mutter ließ mich wissen: »Die Frau ist dreißig Jahre jünger als ihr Mann! Die ist noch ein halbes Kind, höchstens zwanzig …« Die Bedeutung Kaspar von Habersteins sagte mir nichts: namhafter Filmproduzent der Zwischenkriegszeit, dem die österreichische Bundesregierung den Wiederaufbau der berühmten Wiener Filmstudios auf dem Rosenhügel anvertraut hatte. Das halbe Kind hieß Hélène, war in Wirklichkeit erst achtzehn und spielte manchmal im Garten mit mir. Sie schwärmte von der Schönheit ihrer Heimatstadt: »Isch ab *so* starken Sennsuscht für Paris«. Wien hingegen erlebte sie als grau, traurig, hässlich. Sie wünsche sich einen Sohn, sagte sie, der so lieb und so süß sei wie ich.

»Ich und süß?«

Sie lachte: »T'es si doux, toi. So, so süß! Und diese blauen, blauen Augen!«

Ich begann, das halbe Kind heimlich zu lieben.

Noch vor Beginn des Sommers, meine Gefühle hatten sich längst ins Überdimensionale gesteigert, beanspruchte der ruppige Filmproduzent Vaters Arbeitsraum, das helle Turmzimmer des herrschaftlichen Hauses, mit den großen Fenstern in jede Himmelsrichtung, ein Sonnenraum der besonderen Art. Er bezahle für dieses eine Zimmer beinahe so viel wie wir für die ganze Wohnung, ließ das halbe Kind mich wissen. Die Besitzerin begann, dem Ehepaar nach und nach Teile ihrer eigenen Wohnung zur Untermiete zu überlassen. Bis Borghilde Amundsen eines Abends in unserer Küche erschien und uns mitteilte, sie habe unsere Wohnung dem Herrn von Haberstein und seiner liebenswerten jungen Frau versprochen, Übergabe am 1. Juli. Wir mussten innerhalb eines Monats nach einer neuen Bleibe suchen.

Mir leuchtete die plötzliche Wendung des Schicksals ein: Es war die Strafe meines Baums, dem das Opfer nicht dargebracht worden war. Nun musste das halbe Kind um Hilfe gebeten werden, sie liebte mich doch auch, sie würde unseren Verbleib in der Villa mit Sicherheit unterstützen. Ab sofort bekam ich sie nur äußerst selten zu sehen und höchstens zwischen Tür und Angel. Sie sprach kaum noch mit mir, zog sich jeweils blitzschnell in ihren Teil des Hauses zurück. Ich schrieb ihr, schob die Zeilen unter die Tür ihrer Wohnungshälfte: »Bite lahs uns dahblyben.« An das Y erinnere ich mich deshalb so genau, weil ich zuerst eine amerikanische Schule besuchte und dort schreiben und lesen lernte, in englischer Sprache. Mein Rettungsappell blieb unbeantwortet.

In den Wochen bis zu unserem forcierten Auszug aus der Villa auf der Hohen Warte – vertrieben von einem begeisterten Nationalsozialisten der ersten Stunde, aber das war damals noch nicht bekannt – begann sich auch im Leben Kaspar von Habersteins manches zu verändern: Künftig parkte rund um die Uhr eine schwarze Limousine vor dem Gartenzaun. Der charismatisch arrogante Filmproduzent verfügte jetzt über einen Wagen mit Chauffeur, um bei Bedarf zu jeder Tages- und Nachtzeit auf den Rosenhügel im fernen Stadtteil Hietzing gefahren zu werden. Zumeist lümmelte Herr Heinz, sein Fahrer, untätig neben der prächtigen Mercedes-Benz-Luxusausführung und wartete. Rauchte und wartete. Rauchte und wartete. Ich habe ihn nie lesen gesehen. Sobald mich der Schulbus der American School nachmittags am Rand des Grundstücks absetzte, erwachte Herr Heinz zu neuem Leben, erstrahlte vor Freude, lief auf mich zu und bemerkte nicht, wie müde, überanstrengt, traurig ich in jenen Tagen war. Kaum stand er vor mir, begann er bereits, im heftigsten Wiener Dialekt, der mir nur spurenweise verständlich war, Witze zu erzählen. Nicht zwei, drei oder vier Witze, zwölf, vierzehn, zwanzig Witze, ohne Atempause, einen nach dem anderen und ohne abzuwarten, ob ich etwa lachte oder auch nur andeutungsweise auf seinen Redeschwall reagierte.

Ab und zu erlaubte er mir, mich ans Steuer der Limousine zu setzen. Aber da begann die nächste Juxkaskade über mich hereinzubrechen. Mehr als die Hälfte seiner Scherze war bestenfalls für Erwachsene geeignet. Ich weiß nur noch, dass Zungen und Finger, Pipi und Popo gehäuft darin vorkamen. Seit den Begegnungen mit Herrn Heinz kann ich mir, so sehr ich mir auch Mühe gebe, keinen einzigen Witz merken. Selbst die besten sind spätestens nach wenigen Stunden in Vergessenheit geraten – auch wenn sie mich im ersten Moment zum Lachen bringen mögen. Schuld daran trägt einzig und allein der Chauffeur Kaspar von Habersteins.

Ich habe meinen Baum in den Wochen bis zum Verlassen der Villa nicht wieder aufgesucht, aus Angst vor neuen Bestrafungen. Fünfzig Jahre später wollte ich das Haus und den parkähnlichen Garten erstmals wiedersehen. Das Anwesen war, so erfuhr ich von einer greisen Blumenhändlerin an der Endstation der Straßenbahnlinie 37 auf dem höchsten Punkt der Hohen Warte, vor Jahrzehnten abgetragen worden. Sechs Wohnblöcke zu vier Stockwerken mit jeweils drei Wohneinheiten auf jeder Etage bedecken heute jene Fläche, in deren Mitte einst die von dem berühmten Architekten Max Fabiani errichtete Jugendstilvilla der Witwe Amundsen thronte. Mein Baum war sicher sehr gewachsen, bevor auch er den Planierraupen, den Bulldozerpanzern, zum Opfer fiel.

Fliederduft

Karotten, Radieschen, Erbsenschoten wachsen auf meinem Balkon, seitdem der Frühling begonnen hat. Wo auch immer ich Quartier beziehe, wo ich zu Hause war und bin, pflanze ich zuallererst Gemüse an. Eine lebenslange Nachholaktion, meinen ersten, missglückten Anpflanzversuchen geschuldet. Setze Samenkorn neben Samenkorn, einen, höchstens zwei Zentimeter unter der Erdoberfläche. Und schon Wochen später zeigen sich die ersten feinen Triebe. Bezaubernd, wenn sie an die Oberfläche brechen und zum Leben erwachen.

Auf meinem Markt erstehe ich mitunter Büschel um Büschel der gleichen Gemüsesorten, die bei mir zu Hause wachsen, gehe vornehmlich zu Min, die für Alex arbeitet. Der üppig bestückte Stand, auf der Place d'Aligre, unmittelbar vor dem Haupteingang zur Markthalle, gehört dem immer braun gebrannten Sepharden, dessen Eltern im Juni 1967, als der Sechstagekrieg zwischen Israel und den arabischen Staaten Syrien, Ägypten und Jordanien tobte, nur knapp einem Pogrom in Tripolis entgangen und daraufhin aus Libyen nach Frankreich geflohen waren. Ich hielt Alex lange für Mins Ehemann. Er ist nicht braun gebrannt, ich irre mich, so ist er zur Welt gekommen: seine Hautfarbe ein halbdunkles Hellbraun. Er sieht gut aus, fesch, eine filterlose Zigarette steckt immer hinter dem rechten Ohr.

Min stammt aus der Provinz Jilin im Nordosten Chinas, wuchs in einem Dorf am Ufer des Flusses Songhua auf. Ihre

Mutter, Arbeiterin in einer Automobilfabrik, kehrte einst von einer Reise in die Provinzhauptstadt Changchun mit einem kleinen Geschenk für ihre Tochter im Gepäck nach Hause zurück. In den Ruinen eines Abrisshauses in der ehemaligen Altstadt, die generalsaniert wurde – alle alten Gebäude wurden abgerissen, sie mussten Plattenbauten weichen –, war ihr eine handkolorierte Postkarte aus dem Jahr 1900, dem Pariser Weltausstellungsjahr, in die Hände gefallen. Darauf waren üppige rosa Rosen, der Eiffelturm, das damals noch vorhandene Riesenrad und die Seine abgebildet. Min ließ sich davon nachhaltig verzaubern, sie beschloss, eines Tages in diese Stadt zu reisen. Es gelang ihr, sich einer Handelsdelegation anzuschließen, doch als sie in Paris ankam, sah die Wirklichkeit ein wenig anders aus als das handkolorierte Traumbild. In einer Jugendherberge in der Banlieue untergebracht, waren ihr bald die Devisen ausgegangen. Sie verpasste ihren Rückflug nach China, lernte auf dem Pariser Aéroport d'Orly eine Familie kennen, deren Maschine gerade aus Beijing gelandet war: eine Chinesin aus derselben Provinz, aus der Min stammt, und ihr französischer Mann, Journalist für den Sender Radio France Internationale, sowie deren drei Monate alte Tochter. Die junge Mutter schlug Min vor, zwei Jahre bei guter Bezahlung als Kindermädchen für die Familie zu arbeiten.

Das große Haus mit riesigem Garten befand sich unweit vom Flughafen. Das chinesisch-französische Paar nahm Min sogleich den Pass ab und hielt sie sieben Jahre lang ohne Papiere fest, zwang sie zu sklavenähnlicher Schwerstarbeit, im Haus, im Garten, in der Küche, als Mädchen für alles. Bezahlte ihr fünfundsiebzig Euro im Monat. Bis es Min gelang, endlich auszubrechen, abzuhauen. Nahe dem marché d'Aligre arbeitete sie zunächst als Putzkraft in einem Café. Ein

Angestellter der SNCF, der staatlichen Eisenbahnen, nahm sich ihrer an, sie wurde rasch schwanger von ihm. Er versprach ihr: Ich beschaffe dir Papiere, eine Aufenthaltsgenehmigung! Er hielt Wort. Die Polizei legte Min eindringlich nahe, das verbrecherische Ehepaar zu verklagen. Sie tat es nicht. Ein Sohn kam zur Welt, der heute zehn Jahre alt ist, sie trennte sich bald vom Vater des Kindes. Landete schließlich, verzweifelt nach Arbeit suchend, auf dem marché d'Aligre, wo sie Alex kennenlernte.

»Ich danke allen guten Himmelsgeistern dafür! Aber wie kommst du auf die Idee, dass er mein Mann ist?«, wundert sich Min an diesem Maimorgen, es stürmt, Regen peitscht über den Markt. In keiner europäischen Stadt herrscht häufiger Schlechtwetter als in Paris – nicht einmal in London. Ich hatte gefragt, seit wann sie mit Alex zusammenlebe, bin im Moment noch ihr einziger Kunde.

»Wir sind absolut nicht zusammen, bloß die ersten Wochen, nachdem ich für ihn zu arbeiten begann. Da hab ich bei ihm gewohnt. Und … ja … mehr als das. Aber er ist ein schrecklicher Schürzenjäger. Er wirkt so heimatlos. Viel wurzelloser als ich, was doch nicht logisch ist. Jede Woche zerrt er eine neue Eroberung in sein Bett. Ich kann doch nicht mit einem solchen Frauenverschlinger zusammen sein. Mit dir könnte ich zusammen sein, du scheinst ein verlässlicher Mann zu sein.«

»Du träumst. Ich und verlässlich?«

»Du wirkst immer so … offen und so neugierig, ich dachte, du interessierst dich für mich.«

Mein Vater begeisterte sich für asiatische Frauen, Chinesinnen, Vietnamesinnen, Thailänderinnen, Japanerinnen, Koreanerinnen. Womöglich liegt es an diesem väterlichen

Faible, seiner Obsession, von der er mir immer wieder sprach – zu oft, zu nachdrücklich –, dass ich mir keinen noch so schüchternen Kuss mit Min, die sehr hübsch ist, vorstellen kann.

»Und wo ist Alex jetzt?«, frage ich.

Sie hebt die Schultern, verkauft mir Radicchiosalat und Birnen, Auberginen und Broccoli, Tomaten und Kiwi, Karotten, Radieschen, Erbsenschoten, legt alles sorgfältig in kleine braune Papiertüten, bevor sie mir die Ware reicht.

»Der neuen Serviererin vom Café ›La Grille‹ läuft er seit einer Woche nach, heute hat sie ihren ersten freien Tag. Er müsste längst hier sein, um mir zu helfen. Den Stand hab ich vorhin allein aufgebaut. Monsieur dürfte Besseres zu tun haben.« Der Tonfall, in dem sie sich beklagt, in ihrem Singsang-Französisch mit starkem Akzent, lässt die Vermutung zu, sie sei in Alex verliebt, nach wie vor.

»Du liebst ihn noch, stimmt's?«, frage ich, kaufe ihr abschließend zwei Ananas ab. Es sind bei weitem die besten auf dem Markt, das ganze Jahr über, kosten allerdings nahezu das Doppelte vom Angebot der Konkurrenz.

Min widmet sich einem neuen Kunden. Ich kenne ihn flüchtig, er ist Radiologe mit einer großen Praxis neben dem Gare de Lyon. Er erkennt mich nicht, hat weit mehr als tausend Patienten, kann sich schließlich nicht an jeden und jede erinnern. Doch in das Innere meines Körpers hat er schon mehrmals Einblick genommen, genauer, womöglich umfassender als irgendjemand sonst, von den zwei Chirurgen abgesehen, die mich aufgeschnitten und am offenen Herzen operiert haben. Jedes Mal flirtet der Radiologe mit Min, sobald er hier auftaucht. Und jedes Mal beobachte ich ihn dabei. Es erinnert mich an mein eigenes Anbändeln und Kokettieren, ich bin nicht sicher, dass mir besonders gefällt, was ich da sehe und unfreiwillig mitbekomme.

Ich bin der neugierigste Mensch, den ich kenne. Nachzufragen, nachzuhaken, bis meine Freunde und meine Feinde, die wenigen Verwandten, die gänzlich Unbekannten und die mir Bekannten mich bitten, aufzuhören, sie in Ruhe zu lassen, sie nicht weiter zu belagern. Diese unerbittliche Eigenschaft, ein unersättlicher Informationsdurst und -heißhunger, begleitet mein Leben, seit ich denken kann. Die Geschichten meiner Marktmänner und Marktfrauen ziehen mich an, sie bezaubern, sie fesseln mich, keines ihrer Lebensdetails ist mir zu unbedeutend, ich will alles über sie wissen. Der Aligre ist ein Menschenbeobachtungslaboratorium. Jedes Mal, wenn ich den Markt besuche, kommen neue Elemente hinzu, die ich zuvor nicht kannte, nicht ahnte, ich setze die Mitteilungen, die ich wie Samen sammle, zu einem Endlospuzzle zusammen. Einem Puzzle, dem immer neue Steine erwachsen, bis in alle Ewigkeit. In alle Ewigkeit? Bis an mein Lebensende. Von dem ich hoffe, es liege in einer gewissen Ferne. In welcher Ferne? Das kann der Radiologe mit seiner Praxis neben dem Gare de Lyon womöglich genauer beantworten, als mir lieb ist.

Trotz der Nässe an diesem Morgen: Leiser Fliederduft liegt in der Luft. Jean-Jacques, seine Mutter und Großmutter verkaufen die buschigen violetten, tiefroten und weißen Zweige am großen Blumenstand. Auf mehrere Stellen am Markt verteilt bieten aber auch einige Sintimädchen kleine Fliedersträuße für fünf Euro an. Statt ihr mehr zu geben, als sie verlangt, feilsche ich mit einem der jüngsten, das Mädchen ist klein gewachsen, viel zu klein, spricht kein Wort Französisch, nur Rumänisch, wir verständigen uns mit den Fingern, bis es sich auf zwei Euro herunterhandeln lässt. Ich lege das Gebinde in den Einkaufswagen, um es später Madeleine zu überreichen.

Kundschaft stellt sich nach und nach auf dem Markt ein, kämpft unter hundert Regenschirmen gegen das Wetter an. Von den Markisen der Gemüse- und Obststände geschützt, liegen die üppigen Farbenfächer der Bohnen und Erbsenschoten, des Knoblauchs, der Zwiebel, Rüben und des Blumenkohls aus, stapeln sich weiße und rote Kohlköpfe, wie Kanonenkugeln zu Pyramiden aufgeschichtet, in perfekter Ordnung. Kakis, Zuckermelonen und Ananas, Granatäpfel, Orangen, Bananen. Es ist eine eigentümliche Zwiesprache, die zwischen mir und dem Markt gepflegt wird: Oft kommen mir die Früchte- und Gemüseberge wie eng zusammengepferchte Zuschauer vor, die mich, den Akteur auf der Mittelbühne, von ihren Tribünen aus beobachten und meine Auftritte aufmerksam verfolgen. Nicht nur betrachte ich die Ware, im langsamen Vorbeischreiten, die Ware beäugt zugleich mich.

Jeder der vielen Stände bietet die gleiche, zumindest sehr ähnliche Ware an. Wie sich entscheiden, bei wem man einkauft? Nahezu ausnahmslos fällt meine Wahl auf jene Händler, mit denen ein Austausch möglich ist, denen ich mitunter sogar Privates preiszugeben bereit bin. Ich suche mir jene aus, in deren Gegenwart ich mich wohlfühle, die mir im Gegenzug aus ihrem Leben Neues, Unbekanntes, Überraschendes erzählen.

Die Erdbeersaison hat begonnen, Berge hoch aufgeschichteter Früchte der Sorten Daroyale, Elvira, Lambada sind zu finden: Ihre feinen Gerüche vermengen sich mit jenem des Flieders. Der Ägypter Abdel verkauft mir eine ganze Steige der

Varietät Clery für drei Euro fünfzig. »Cadeau! Cadeau!«, hatte er mir zugerufen und gleich hinzugefügt, gerade aus seiner ehemaligen Heimat zurückgekehrt zu sein, wo er zwei Wochen auf seinem Landgut nahe Beni Suef, im Niltal, verbracht, dort Verwandte besucht hat.

»Für achtundzwanzig Familienmitglieder und Freunde: ein Gelage!« Er gibt immer ein bisschen an, aber das stört mich nicht: »Lämmer vom Rost, achtzehn Hühner, gefüllte Zucchini, Foulbohnen, die besten Datteln der Welt, nur die allerperfekteste Qualität, und das Ganze hat mich umgerechnet kaum hundert Euro gekostet!«

Zwei Schlachtergesellen mit blutbespritzten Schürzen eilen mir tief gebückt und schwer atmend entgegen, halbe tropfende Kälberleiber auf dem Rücken schleppend, die sie von der Ladefläche eines ramponierten Lastwagens geholt haben, um sie zu Monsieur Charbon zu bringen, dem wichtigsten Metzger in der Halle. Eine blutige Szene wie aus einer fernen Marktvergangenheit!

Ich ziehe weiter, beobachte eine Matratzenverkäuferin, die ich noch nie zuvor auf dem Markt angetroffen habe. Sie preist ihre Ware an, ihre sanfte Stimme gefällt mir: »Très bonne qualité! Biolatex! Mousse latexée! Qualifiés de 100 % latex!« Ich behaupte, nach einer Übersiedlung dringend ein neues Bett zu benötigen. Geduldig zeigt sie mir das ganze Warenangebot, ich darf durch Berührung die Festigkeit der aufrecht abgestellten Ausstellungsstücke testen. Julie vermutet einen leichten Akzent bei mir, sie liebe fremde Sprachen, lässt sie mich wissen. Dabei hat auch sie eine unüberhörbare Sprachfärbung, ich vermute Israel als Land ihrer Herkunft. Mache ihr Komplimente für die glitzernden, silbergrauen Stiefeletten und speichere ihre Telefonnummer mit dem Versprechen, mich zu melden, sobald ich sicher sei, für welche Bettgröße ich mich entschieden habe. Eine Stewardess in Air-France-Uniform stürzt auf Julie zu, küsst sie, steckt ihr einen Scheck zu, ich höre noch, wie sie ihre Adresse nennt und die beiden Frauen geheimnistuerisch kichernd die ideale Uhrzeit für eine Lieferung in fünf Tagen vereinbaren.

Eine junge Hundeführerin durchquert den Markt, sie schult ein Paar großer sandfarbener Labradormännchen, die als Blindenhunde ausgebildet werden. »Gauche! Droite! Gauche! Droite!«, ruft sie ihnen zu, und »Tout droit! Tout droit!« Die Tiere gehorchen, zwängen, schlängeln sich zwischen den Ständen hindurch, hin und her, wendig, klug, entlang der gesamten rue d'Aligre.

Das erinnert mich an meinen slowenischen, seit Jahrzehnten in Paris beheimateten Freund Eugen Bavčar, den blinden Fotografen und Schriftsteller, den ich vor langer Zeit in einem Dokumentarfilm porträtierte. Er kann zwischen Tag und Nacht nicht unterscheiden, trotzdem kreiert Eugen erstaunliche Porträts und Landschaftsbilder; »Dunkles Licht«, so der Titel, führt vor Augen, wie ihm das gelingt. »Ich habe das gesehen!«, ruft er aus, wenn man ihm erzählt, was er soeben versäumt hat. Er geht gerne ins Kino – frage ich ihn etwa, ob er den letzten Film von Woody Allen schon kenne, entgegnet er sofort: »Habe ich gesehen, natürlich, sehr gut gelungen, gefällt mir prima!«

Seine Lieblingsszene im Film, den ich ihm vorführte, sobald es den Rohschnitt gab: als er ohne Blindenstab und ganz ohne Hundehilfe, mit einer Sonarbrille ausgestattet, die ihm Hindernisse meiden hilft, den marché d'Aligre durchquert und die Töne, die Stimmen, den Lärm hier genießt und kommentiert, die zahllosen Gerüche und Düfte beschreibt, die ihn umgeben, umschweben. Mit seinem roten Schal und dem schwarzen Hut sieht er Toulouse-Lautrec ähnlich, lauscht den Dialogen der Marktverkäufer, schäkert mit Kundinnen, die er zwar nicht sehen, dafür aber umso deutlicher wahrnehmen kann. Er sagt: »In Berlin gehen die schönsten Frauen immer auf der anderen Seite der Straße. In Paris begegne ich ihnen auf meiner Seite des Trottoirs.«

Café Charlette

Wer das Dorf Aligre besucht, der betritt eine andere Welt. Eine Sphäre, die Heimatgefühl bei mir auslöst. Ich wähne mich unter meinen Marktverkäufern und Marktverkäuferinnen, ihren Kunden und Kundinnen, den Cafétiers und Bettlern, Flohmarktbetreibern und kleinen Geschäftsinhabern zu Hause. Zugehörig. Angehörig. Warum aber erscheint mir diese Empfindung des Beheimatetseins so wesentlich?

Seit der frühesten Kindheit immer *on the move*, sind meine ersten Erinnerungen mit Ozeandampfern vernetzt, mit riesigen Schiffen, die uns von Amerika nach Europa und von Europa zurück nach Amerika transportierten, fünf, sechs Tage Weltmeerüberquerungen, in denen ich mich auf dem Deck und in den Tanz- und Speisesälen, in den Kabinen und Spielzimmern behütet fühlte, trotz schwankender Ungewissheit. Wir sind von einem Land in ein anderes übersiedelt, von einer Stadt in die nächste gezogen, viermal, fünfmal, schon in meinen ersten Lebensjahren. Die Sehnsucht, beheimatet zu sein, hat sich sehr früh in meine Seele gefressen – ich will ihr konstant Nahrung zuführen, dieser Sehnsucht.

Mein erster Besuch auf dem marché d'Aligre reicht vier Jahrzehnte zurück: neugierig auf einen mir unbekannten Ort, in Begleitung der kompliziertesten Geliebten, die ich jemals kannte. Jeder Tag war von neuen Spießrutenläufen von Vorwurf zu Tadel zu Rüge geprägt, die Nächte von allen nur vorstellbaren Versuchen durchlitten, Maria Grazia zu streicheln, zu küssen, zu verführen. Sturmläufe, die nahezu ausnahmslos scheiterten, an ihrem steinernen Wesen zerschellten. Und glückte endlich eine Annäherung, versagte meine Männlichkeit. Trotzdem hing ich an Maria Grazia.

Wir saßen in der Frühjahrssonne auf der Caféterrasse des ›Le Tabac‹, wie es damals noch hieß, an der Ecke Place d'Aligre und rue d'Aligre. An jenem Mai-Wochenende hielt ein Spitzenpolitiker der Sozialistischen Partei Frankreichs hier eine kleine Wahlveranstaltung ab. Bürgermeister- oder Regionalwahlen standen bevor, ich bin nicht mehr ganz sicher, worum es ging, und der feurige Redner in den besten Jahren legte sich für den Pariser Kandidaten der Sozialisten ins Zeug. Er gab Parolen der Partei von sich, kaum jemand beachtete ihn, nur wenige blieben stehen, um sich von diesem Mann und seinem Gefolge ein Flugblatt in die Hand drücken zu lassen. Ich ging auf ihn zu, unterhielt mich mit ihm einige Minuten, fragte ihn nach dem Parteiprogramm aus. Er reagierte freundlich, aufgeschlossen, mitteilsam, auch wenn alles, was er sagte, ein wenig hohl, allzu altbekannt klang. Er hoffe, sagte er zum Abschied, ich würde die richtige Wahl treffen, reagierte ein wenig mürrisch, als ich zu bedenken gab, als Ausländer in Frankreich mit Sicherheit nicht wahlberechtigt zu sein.

Ich kehrte an unseren Tisch zurück. Maria Grazia war verschwunden. Kam nicht wieder. Nachts tauchte sie im Hotelzimmer auf, streitsüchtig. Was mir eingefallen sei, sie dort auf der Terrasse allein sitzen zu lassen? Um mit einem ganz offensichtlich unwichtigen Provinzpolitiker ins Gespräch zu kommen? Der Rest der Reise stand ganz im Schatten unseres Disputs, es gelang mir nicht, die verbitterte Partnerin umzustimmen. Wir trennten uns wenige Tage nach der Rückkehr nach Basel, wo ich vorübergehend lebte und als Regieassistent am Stadttheater arbeitete.

Jahre später erhielt ich einen knappen Brief von Maria Grazia. Sie entschuldigte sich. In der Zwischenzeit war jener Wahlredner von der Place d'Aligre zum Präsidenten Frankreichs aufgestiegen: François Mitterrand sollte der Grande Nation vierzehn Jahre lang als Staatsoberhaupt dienen.

In demselben, längst renovierten Café, das heute unter neuem Namen von neuen Besitzern geführt wird, treffe ich zuweilen auf Sylvie, eine ehemalige Gemüseverkäuferin, die mehr als vierzig Jahre am Aligre arbeitete, heute aber nur noch selten zu Besuch kommt. Sie ist bald neunzig, und wenn sie auftaucht, sitzt sie stundenlang im ›Charlette‹ und hält Hof. »Da, wo seit 1972 das scheußliche Hochhaus steht, das den Brocanteplatz abschließt, da waren früher sehr hübsche, niedrige Wohnhäuser, es sah aus wie in einer kleinen, gemütlichen Provinzstadt«, erzählt sie. Ihre Sätze werden vom lauten Spiel des Leierkastenmannes verschluckt, der meist an den Wochenenden an der Caféecke auftaucht und Musikstücke aus längst vergangenen Epochen zum Besten gibt, am liebsten ›La Goualante du pauvre Jean‹, das Lied vom armen liebeshungrigen Jean, den die Frauen gar nicht mochten. Allzu volkstümlich für mein Gefühl, aber Sylvie liebt den Klang der Drehorgel und die hohe Stimme von Monsieur Gruson, der von Kindern, ihren Eltern, von Schaulustigen umringt ist.

»Wo war ich stehengeblieben?«, fährt sie fort, spricht jetzt etwas lauter, »ja: das scheußliche Hochhaus. Also: Bevor das da war, gab's hier Lokale, Cafés, die bis drei Uhr früh geöffnet hatten, das ›Bilboquet‹ zum Beispiel und natürlich die Brasserie ›La Boule d'Or‹, die war weltberühmt, Eisenhower hat dort zu Mittag gegessen, ich sehe ihn noch vor mir, und die Rita Hayworth, und der Aga Khan, und Baudouin, der König von Belgien. Der Wirt galt als bester Saucenkoch Frankreichs. Und dann sind plötzlich die Bulldozer aufgetaucht und haben alles plattgemacht. Seither hat sich so vieles verändert. Weil mit einem Mal ganz andere Verkaufsstände auftauchten, nicht mehr die der Bauern aus der unmittelbaren Umgebung von Paris. Seither gibt es die herrlichen Erdbeersorten Héricart, Cambridge, Marie-France und Quatre Saisons nicht mehr, die ich über alles geliebt habe. Und auch meine Lieblingssorte Zuckererbsen ist verschwunden, Téléphone hieß die.

Jedenfalls: Mit einem Mal sind die französischen Bauern durch Händler aus Nordafrika ersetzt worden, man nannte einen gewissen Teil des Marktes unter uns nur noch ›Marokko‹. Ich bin bestimmt nicht fremdenfeindlich, aber Sie müssen bedenken: Kein einziger Marktverkäufer am Aligre war früher Ausländer. Maghrebiner? Gab es hier nicht. Nur Franzosen. Wir waren unter uns. Man ging ganz anders miteinander um. Hier gab's nichts ›Internationales‹! Damals war der Aligre wirklich noch ein Dorf. Man war mit seiner Kundschaft per Du. Was meinen Sie, wie viele Kinder im *quartier* ich aufwachsen gesehen habe. Manche wundern sich, wenn ich sie mit ihren Vornamen anrede, gestandene Kerle, die keine Ahnung haben, woher ich sie kennen könnte! So war das. Zuständig für den Markt war damals die Stadtverwaltung, heute ist er ›privatisiert‹, wie es in modernen Zeiten heißt.

Die einzelnen Stände waren früher nur halb so groß wie heute, bloß zwei Meter breit!, also gab es doppelt so viele Stände. Man arbeitete viel mehr, viel, viel mehr als heute. Wir teilten uns um zwei, drei Uhr nachts ein Taxi und fuhren zu dritt oder viert zu den Hallen, um für den Tag alles einzukaufen. Transporteure, die enorm muskulösen sogenannten ›Forts du marché‹, holten das dann in der Früh für uns ab.

Ich habe seit meiner Kindheit eine Ader fürs Verkaufen am Trottoir, zuerst waren's Bonbons, später Radieschen. Im Mai 1944 hab ich dann am Aligre begonnen, da war ich vierzehn Jahre alt. Sie müssen verstehen: Die Deutschen waren sehr nett zu uns. Erst nach dem Krieg hat man gewisse Wahrheiten erfahren. Die Leute aus der Résistance haben uns Fotos gezeigt, schreckliche Fotos. Was die Deutschen angestellt haben. Den Juden die Nägel herausgerissen und die Augen ausgestochen. Eine schlimme Welt, unsere Welt. Ich bin nicht unfroh, schon so alt zu sein.« Sie lächelt mir verschmitzt zu: »Ich glaube, zu meinem Begräbnis werden sehr viele Menschen kommen …«

»Hé! Hallo! Du warst heute noch gar nicht bei mir!« Hamza – der Stand seines Vaters liegt unmittelbar neben dem ›Charlette‹ – hält mir ein Stück Mango hin, ich müsse sie kosten, sie schmecke einfach sensationell.

»Aufdringlich wie dein Vater … Wie viel?«

»Vier Euro. Für dich drei fünfzig.«

»Im nächsten Leben, Hamza. So viel Geld habe ich nicht. Für *eine* Mango.«

»Gut: Zwei für sechs.«

»Ausgeschlossen …«

»Du hättest Architekt werden sollen, statt Bücher zu schreiben. Dann wäre Geld in deiner Tasche.«

Ich ziehe weiter, belustigt und verdrossen zugleich über Hamzas Bemerkung. Er wagt es, meine prekäre Finanzlage zu kommentieren? Das tut er immer dann, wenn ich ihm nichts abkaufe.

Einer meiner Lieblingsstände ist jener von Albert Fronton, dem korpulenten Markthändler bretonischer Herkunft. Er nennt mich störrisch *l'Anglais*, sooft ich auch beteuere, mit England weniger zu tun zu haben als er mit Finnland oder Bosnien. Ich sage *monstre* zu ihm, er ist auf den ersten Blick ein besonders ungeschliffener Mann. Ein wichtiges Element meines Wochenablaufs: Kaffee mit ihm zu trinken, sobald er eine kurze Pause einlegt, seinen dreisten, vollkommen hoffnungslosen Flirtansätzen gegenüber vorbeischlendernden Damen aller Altersgruppen und seinen Kurzmonologen zur politischen Lage zuzuhören. Albert ist taktlos, sogar ordinär. Er könne Frauen ansehen, behauptet er, ob sie »bien baisée« oder »mal baisée« seien, ob sie ein gesundes oder katastrophales Liebesleben haben; das sei ihnen deutlich anzumerken, er lese es von ihren Augen ab. Meinen Protest lässt er nicht gelten: »Du kennst dich mit Frauen nicht aus!«

Darüber hinaus ist Albert der unerreicht beste Witzeerzähler des Marktes; er sieht Herrn Heinz, Kaspar von Habersteins Chauffeur, sogar ein wenig ähnlich. Er kennt meine Witzevergesslichkeit, trotzdem versorgt er mich jedes Mal mit neuem Material, wohl wissend, dass alles innerhalb von Stunden unwiederbringlich aus meinem Gedächtnis gelöscht sein wird. Er verkauft mit Karim, seinem tunesischen Mitarbeiter, Gemüse und Obst, die gleiche Ware wie Min und Alex, wie Bohumil, Habib und all die anderen Konkurrenten auf dem marché d'Aligre.

Alberts Stand ist heute nicht an jener Stelle aufzufinden, wo er sein müsste. Wurde er an einen anderen Ort versetzt? Bestimmte Ferdinand Lenglet, der *placier* des marché d'Aligre, dem hier die Positionierung jedes einzelnen Händlers obliegt, einen neuen Standplatz für Albert? Davon wüsste ich doch?

Nicht selten begleite ich den siebenundsiebzigjährigen, durchaus rüstigen Monsieur Lenglet auf seinen morgendlichen Runden, die um sieben Uhr früh beginnen. Der placier, Sohn eines Fischhändlers in den früheren Hallen, überwacht, welcher Stand an welcher Stelle steht, verteilt hohe Strafen, wenn jemand es wagen sollte, sich nicht an sein Gesetz zu halten, verscheucht Eindringlinge, die Stände an Orten errichten, die offiziell nicht zugelassen sind. Man hat mich bereits verschiedentlich für seinen designierten Nachfolger gehalten, den er einweist, wenn er die Plätze zuteilt und ich mich an seiner Seite, noch recht verschlafen, von Stand zu Stand bewege. »Hé, Tarik, on travaille ici«, hier wird gearbeitet: »C'est pas le Club Méditerrannée!«, ermahnt er einen Burschen, der bereits seine erste Zigarettenpause einlegt, noch bevor er seinen Verkaufsstand aufgebaut hat.

»Eine Woche Aligre macht meinen ganzen Urlaub zunichte, das können Sie mir glauben«, murmelt er vor sich hin. »Salut, l'artiste!«, ruft er den Händlern zu, anderen »Salut, mes vedettes!«, was so viel wie »Servus, meine Stars« heißt, reicht jedem Einzelnen die Hand. Eine Blumenhändlerin, die in der Halle arbeitet, begrüßt er mit den Worten: »Ma petite canarde«, mein kleines Entlein. »Ich muss mir die Namen aller Händler merken, das ist ganz wichtig, das zollt ihnen Respekt. Wenn ich allerdings ›Momo!‹ rufe, den Spitznamen für Mohammed, dann kommen zwölf Männer und Burschen gelaufen!« Er hat einen buschigen Schnauzbart: »Ein Mann ohne Schnurrbart, das ist wie eine Suppe ohne Salz.«

Ferdinand hat im Algerienkrieg gedient, erschoss im Zuge der Kampfhandlungen – er gibt es offen zu – womöglich Dutzende Freischärler. »C'était toujours: lui ou moi. Entweder er oder ich …« Als ich mir unlängst die Bemerkung erlaubte, manche der Toten könnten unter Umständen Vorfahren jener maghrebinischen Männer und Frauen gewesen sein, die heutzutage am Aligre als Marktverkäufer tätig seien, blieb er zunächst stumm. Dann nickte er kurz und blickte in die entgegengesetzte Richtung. Zog sich in sein kleines Amtsgebäude zurück, das campanileähnlich der Längsseite der Halle gegenübersteht, es gibt sogar eine kleine Glocke auf dem Dach, die seit Jahrzehnten nicht mehr in Betrieb ist. Nur ein Mal nahm er mich in das Häuschen mit, das er La Petite Mairie, das kleine Rathaus, nennt, zeigte mir schwere Folianten, die bis ins späte achtzehnte Jahrhundert zurückreichen, mit der Nennung der Namen all jener, die hier jemals einen Stand betrieben haben, mitsamt den monatlichen Mietkosten, die eingetrieben wurden, bis hin zur Erwähnung der Gründe, warum man dem einen oder anderen Markthändler in den letzten zweihundertundvierzig Jahren die weitere Anwesenheit am marché d'Aligre verwehren musste.

An diesem Morgen hatte ich Monsieur Lenglet nicht begleitet, ich suche in der Petite Mairie nach ihm, finde ihn nicht. Außen, neben der Tür, ist seit einigen Wochen ein kleiner Spiegel angebracht, darauf sind in Blockbuchstaben die Worte FILLE D'IMMIGRÉS eingelassen; jedes Mädchen, jede Frau, die sich hier in den Spiegel sieht, sollte sich, so war es gemeint, als Tochter von Einwanderern erkennen. Doch schon nach wenigen Tagen war der Spiegel zerschlagen. In seiner Mitte prangt seither ein spinnennetzähnlicher Stern.

Ich kehre zu Hamza zurück, kaufe ihm für zwei Euro jene überreife Mango ab, die er mir zuvor viel zu teuer angeboten hatte.

»Hast du eine Idee, wohin Alberts Stand verschwunden ist?«

»Fronton meinst du? Hat er's dir denn nicht gesagt?«, wundert sich der Löwe und tapfere Krieger.

»Was gesagt? Was soll er mir gesagt haben?«

»Er hat aufgehört. Vorgestern. Aus. Ende. Schluss. Umso besser: einer weniger!«

»Er erzählt die besten Witze …«

»… und ist ein Rassist.«

»Unsinn. Bestimmt nicht. Albert doch nicht! Karim arbeitet für ihn.«

»Na und? Trotzdem …«

»Du spinnst.«

Aus. Ende. Schluss

Die Fahrt von der Gare de Lyon in den Banlieue-Ort Fontenay-sous-Bois dauert mit der Schnellbahn kaum zehn Minuten. Danach steigt man in einen Vorstadtbus um, erreicht bald die kleine abschüssige Straße, in der Alberts beigefarbenes unauffälliges Einfamilienhaus steht.

»Ich konnte nicht mehr …!«, flüstert er, umarmt mich, führt mich rasch in einen engen Keller. Seine Frau soll mich nicht sehen, ich gehöre zu seiner Marktwelt, die er zwei Wochen zuvor für immer hinter sich gelassen hat. Da hockt er nun, umgeben von Klebstofftuben, Holzplatten, kleinen Motorelementen. Seine Freizeitbeschäftigung: das Zusammenbauen meterlanger historischer Flugzeugmodelle, die sich fernsteuern lassen. Er ist in Pension gegangen, von einem Tag zum nächsten, eine Woche vor seinem sechzigsten Geburtstag.

»Warum hast du mir kein Wort gesagt?«

»Man kann doch nicht alles erzählen!«, knurrt er. Der gestandene Mann, der er vor wenigen Tagen noch gewesen ist, wirkt wie ein erloschenes Feuer. »Meine Mutter hat den Stand am Aligre von ihrer Mutter übernommen, den meine Großmutter schon seit 1927 gemietet hatte, auch das hab ich dir nie gesagt. Und ich erbte den Platz, den man eben nur mieten, nicht kaufen kann, von meiner Mutter. Da meine zwei Kinder andere Berufe ausüben, verbietet mir die Marktdirektion, den Stand nun an Karim weiterzugeben. Er sei mit mir nicht verwandt, daher sei jede Weitergabe an ihn ausgeschlossen. Auch das hat mich so sehr verbittert, dass ich keine Lust mehr hatte weiterzumachen.«

Alberts Mutter und Großmutter waren in der Résistance aktiv, der Aligre galt während des Krieges als wichtiger klandestiner Treffpunkt. In seiner Jugend hielt Albert den Kommunismus für eine überzeugende Idee, das flagrante Unrecht auf Erden zu bekämpfen, reiste 1968 nach Prag, nahm dort an einem Jugendtreffen teil, während die Panzer des Warschauer Pakts einmarschierten. Heute empfindet er sich als unpolitischen, definitiv desillusionierten Bürger, der an Wahlen nicht mehr teilnimmt – aus Dégout vor der sozialistischen Partei und ihren ewigen Grabenkämpfen.

»Seit Mitterrand tot ist, interessiert mich das politische Tagesgeschehen nicht mehr.«

»Du mochtest Mitterrand? Auch das hast du nie erwähnt …«

»Ich mochte ihn außerordentlich. Das war noch ein wahrer, glaubwürdiger, ein kluger Politiker. Die heutigen? Stümper. Anfänger. Arrogante Idioten.«

Albert wollte ursprünglich Arzt werden, musste jedoch bald einsehen, für dieses Studium nicht der Richtige zu sein, lernte dann Werkzeugmacher. Kaum war die Ausbildung abgeschlossen, da beging sein Vater Selbstmord; das Einzelkind musste seiner Mutter beistehen und wurde Marktverkäufer.

»Ich habe den Beruf geliebt, und zwar bis zur Einführung des Euro. Im ersten Jahr ging es ja noch, da haben die Leute die Umstellung noch nicht begriffen. Aber langsam dämmerte es ihnen: Das Baguette kostete nicht mehr zwei Francs, sondern einen Euro zehn, also das Dreifache. Und Kartoffeln? Ein Kilo kostete früher achtzig Centimes. Heute aber mindestens achtzig Cents, also mehr als das Sechsfache. Die Gehälter haben sich ja nicht verdrei- oder versechsfacht. Kein Wunder, dass so viele weniger gut Verdienende die Stadt verlassen und sich in der Banlieue ansiedeln müssen – wer kann sich denn die innerstädtischen Mieten noch leisten? Die wohlhabenden Schnösel aber, die neuerdings zum Markt kommen, aus benachbarten Bezirken und sogar von weit her, vom anderen Ende der Stadt, die sind ja dermaßen geizig! Arbeiter und Handwerker geben ihr Geld viel eher aus, so ist das in Frankreich. Seit es den Euro gibt, ist mir die Freude am Beruf jedenfalls vergangen, nach und nach. Wer sucht sich diesen Job denn noch aus? Ich glaube, ich war der letzte waschechte Franzose, der außerhalb der Markthalle, also auf offener Straße, einen Stand hatte. Bei jedem Wetter im Freien stehen? Jeden Samstag, jeden Sonntag arbeiten? Mit uns Marktverkäufern vergleichbar sind vielleicht noch Bauarbeiter und Bergbauern, das sind fast die Einzigen, die wirklich arbeiten: Bei Hitze und Frost sind wir da, und manchmal auch des Nachts. Morgens um sieben machen wir schon die erste Pause. Junge Franzosen? Die wollen ihr Weekend genießen! Markthändler, das sind heute fast nur noch die Maghrebiner. Die sich gegenseitig hassen und bekämpfen, die von der Ware wenig verstehen – und jeder ist des anderen Feind. Uns Franzosen wird nicht selten die Geringschätzung fremder Völker vorgeworfen. Aber wer ist der größte Feind der Maghrebiner? Die Maghrebiner!«

Sein Rücken, seine Knie, alles schmerze ihn, seit Jahren schon. Er habe immer viel zu schwere Lasten geschleppt. Einmal muss Schluss sein, er sei am Ende seiner Kräfte. Natürlich werde ihm die Tuchfühlung mit der Klientel fehlen, auch der Umgang mit der Ware.

»Die Früchte sind mir das Liebste – diese delikaten Naturprodukte, die immer einer besonderen Behandlung bedürfen.

Man darf sie nicht achtlos anfassen, umschütten, stapeln. Früchte verdienen unseren Respekt, wie der Mensch. Darum habe ich mich auch immer aufgeregt, das hast du ja oft genug miterlebt, wenn Kunden meine Früchte begrapscht haben. Die meisten Früchte bestehen aus sechzig Prozent Flüssigkeit, fast wie wir. Wenn man sie zu fest anfasst, bleibt auch bei ihnen ein blauer Fleck zurück.«

»Was wird aus Karim?«

»Ach, der tut mir so leid! Er wird es schwer haben, neu Fuß zu fassen, keine Frage. Er ist abgereist, nach Tunesien, vor einigen Tagen, zu seinen Verwandten. Womöglich bleibt er dort.«

Albert hat nichts zu trinken, nichts zu essen angeboten, er hofft vielleicht, ich bleibe nicht allzu lange bei ihm sitzen. Doch dann überrascht er mich mit der Frage, ob er mich in seiner Loge einführen dürfe.

»In deiner Loge? Was soll das heißen?«

»Ich bin doch seit über zwanzig Jahren Freimaurer. Unser Hauptquartier befindet sich im 17. Arrondissement. Komm mit mir mit, nächste Woche, ich stelle dich meinen Logenbrüdern vor.«

»Ich dachte, man habe seine Mitgliedschaft bei den Freimaurern streng geheim zu halten?«

»Keine Rede! Und doch nicht vor dir, mein Anglais! Außerdem warst du ja mal Architekt, oder? Wir Freimaurer sind Baumeister, im übertragenen Sinne, das weißt du sicherlich; wir glauben an den allmächtigen Baumeister aller Welten, und an den glaubst du doch auch, nehme ich an?«

»Musst du mir die Augen verbinden, bevor ich den Tempel betrete?«

»Das ist das Symbol für deinen Übertritt aus der Finsternis des Nichtwissens in die Helligkeit deiner Erleuchtung …«

Ich mache Albert Hoffnungen, über sein Angebot nachzudenken, fest entschlossen, kein Freimaurer werden zu wollen. Wundere mich, vor dem Abschiednehmen, dass er mir keinen Witz erzählt.

»Dazu ist mir die Lust leider vergangen«, murmelt er. »Aber du kannst heute ausnahmsweise *mir* einen erzählen, einen einzigen Witz musst du doch kennen, trotz deiner Witzevergesslichkeit!«

Ich erzähle ihm den einzigen Witz, den ich mir merken kann, warne ihn, es sei ein jüdischer Witz.

»Warum sollte mich das stören? Wir Freimaurer waren unter den *boches* genauso Verfolgte wie ihr. Also los, her damit!«

»Fragt der Kohn den Blau: Blau, wenn du mir mit einem einzigen Wort sagen müsstest, wie's dir geht, welches Wort würdest du wählen? Sagt der Blau: ›Gut …‹ Aha, sagt der Kohn. Und wenn du mir mit *zwei* Worten sagen müsstest, wie's dir geht, wie würdest du mir dann antworten? Antwortet der Blau: ›Nicht gut …‹.«

Es dauert einen Moment, aber endlich lässt Albert sein meckerndes Lachen los: »Herrlich, herrlich, der ist gut, nie gehört, wunderbar!«

Immerhin, ich habe den ehemaligen Witzekönig des marché d'Aligre zum Lachen gebracht, mit einem Witz, den er nicht kannte und den er mit ziemlicher Sicherheit nicht vergessen wird.

»Ich rechne mit deiner Zusage, du weißt, was ich meine«, flüstert er mir zum Abschied zu.

»Du meinst … die Loge?«

»Morgen in einer Woche, 18 Uhr, Nummer 8, rue Puteaux, ich warte vor dem Haupteingang auf dich. Mit einer Augenbinde.«

California

Nein, ich bin kein Architekt geworden. Aber die Legosteinhäuser meiner Kindheit gingen mir nicht aus dem Sinn. Nach der bald abgebrochenen Rabbinatsausbildung in Jerusalem näherte ich mich dem Berufswunsch, der mich seit dem Modenaparkzimmer begleitet hatte. Ich stieß damals auf einen Satz von Theodor W. Adorno, der meine Situation widerspiegelte und mich in meinem Entschluss bestärkte: »Ich wollte einfach dorthin zurück, wo ich meine Kindheit hatte, am Ende aus dem Gefühl, dass, was man im Leben realisiert, wenig anderes ist, als der Versuch, die Kindheit verwandelnd einzuholen.«

Als ich mit dem Architekturstudium beginnen wollte, war Richard Neutra kurz zuvor verstorben. Ich übersiedelte, gleichsam ihm zu Ehren, nach Los Angeles, wo er die längste Zeit seines Lebens verbracht hatte und wo ich zur Welt gekommen war. Nach fünf Wochen als Student der University of Southern California, der USC, und noch lange bevor die Aufnahmeprüfungen zum ersten Jahrgang begonnen hatten, musste ich einsehen, dass der Beruf mit Sicherheit nicht der richtige für mich wäre. Viel zu viel Mathematik und Theorie, mir fehlte außerdem jede Ingenieursgeschicklichkeit. Mir schien, die Architektur biete viel zu wenige künstlerische Ausdrucksmöglichkeiten: Was mir mit Legosteinen mühelos gelungen war, ließ sich nicht in die Praxis hinüberretten. Ein Irrweg, den es zu berichtigen galt.

Ich beantragte, das mir gewährte Stipendium auf ein anderes Studium umleiten zu dürfen. Nach mehreren Monaten bekam ich eine positive Antwort. Ich studierte Filmregie und das Schreiben von Drehbüchern, ein Zeitraum des soliden, glücklichen Lernens am American Film Institute. Wohnte in einer der ärmeren Gegenden der Stadt, einem Bezirk von Hollywood, in dem Massagesalons neben Stripteasekellern lagen und in dem es jede Menge nach altem Öl stinkende Hotdog- und Hamburgerbuden gab, zwischen denen kleine Pornokinos und Sexshops steckten. Die Miete für die Hälfte eines Bungalows, ein bescheidenes Zweizimmerapartment in der Barton Avenue, war erschwinglich, wenn es mir auch kaum möglich war, mich dort beschützt, beheimatet zu fühlen: Zwei Einbrüche innerhalb von zwei Jahren nahmen mir nahezu alles, was ich besaß. Meine Nachbarin in der zweiten Hälfte des windschiefen Baus, eine gealterte Stripperin, bekam ich kaum je zu sehen, sie verließ das Haus, wenn ich noch in der Filmschule war, und sie schlief, wenn ich vormittags fortging. Im Wohnzimmer löchrige graue Teppiche, wackelige Möbelstücke, nur das Bett war neu, mit guter Matratze. Da die Wasser- und Heizungsleitungen innen und außen verrostet waren, kam das Heißwasser oft braun aus der Dusche und in die Wanne gespült.

An den Wochenenden besuchte ich Charles, einen in der Nähe lebenden Dichter, der mich interessierte, sogar faszinierte, ich hatte in Downtown, in der Public Library, einer Lesung von ihm beigewohnt und ihn anschließend angesprochen. Wir freundeten uns an, aber so schwer es war, mit ihm gut zu sein, so unmöglich war es, mit ihm gut zu bleiben. Damals allerhöchstens in literarischen Kreisen bekannt, konnte er kaum seine Miete bezahlen. Ich borgte ihm kleine Summen, die ich nie zurückforderte. Er trank von morgens bis nachts abwechselnd Bier, Wein, Wodka, Whisky, rauchte ohne Unterlass selbst gedrehte Zigaretten und Marihuana-Joints. Er las mir, sobald ich bei ihm saß, seine neuesten Gedichte und pornographischen Prosatexte vor. Lachte mich aus, mit rauer, verrauchter Stimme, dass mir die allzu drastischen Beschreibungen seiner Abenteuer peinlich waren, mich sogar erröten ließen, bemitleidete mich, wie wenig Erfahrung ich im Umgang mit Frauen hatte, ermutigte mich, den Kommilitoninnen an der Filmschule nachzusteigen, sie zu verführen. »You're so terribly *square*!«, warf er mir regelmäßig an den Kopf, aus tiefer Kehle hustend; neben ihm kam ich mir tatsächlich wie ein Spießbürger vor: fürchterlich normal.

Er stellte mir drei Huren vor, die ihn anhimmelten, den hässlichsten Mann der Welt, mit seinem pockennarbigen Gesicht, den halb zugekniffenen Augen, der zeitlupenlangsamen, lallenden Sprache. Er befahl mir, mit seinen Freudenmädchen zu schlafen. Und beschimpfte mich, als ich seinem Drängen nicht nachgab. Eines Abends, er war betrunken wie fast immer, ordnete er an, dass ich bis zum bitteren Ende im Zimmer bleiben sollte, als Lula, seine afroamerikanische Lieblingsnutte, ihm einen Blowjob gab. Nachdem alles vorbei war und Lula Lust bekam, sich meiner anzunehmen, ließ er uns laut lachend wissen: »Wir, wir Weiße, wir halten uns für besser als ihr Schwarze. Und zwar ganz zu Recht. Ganz zu Recht. Weißt du, warum? Ich bin gerade draufgekommen, warum: weil Samenerguss weiß ist. Und nicht schwarz.« Lula verließ das kleine Haus an der Gregory Avenue auf der Stelle. Und tauchte monatelang nicht wieder auf.

Er zerrte mein Studium konstant ins Lächerliche, bezeichnete Hollywoodfilme als unerträgliche Zuckerwattenexplosionen ohne jeden Tiefgang. »Du bist viel zu empfindlich für dieses grässliche Metier. Ich verwette mein letztes Hemd, dass du diesen Weg nicht zu Ende gehen wirst …« Einen Ausnahmeregisseur ließ er gelten: Alejandro Jodorowsky, dessen Filme ›El Topo‹ und ›The Holy Mountain‹ er zahllose Male gesehen hatte. Auch dass ich einst Architektur studieren wollte, schätzte er als vollkommenen Irrweg ein, befand, die moderne Baukunst sei ein Verbrechen wider die Menschlichkeit. Die von mir verehrten Architekten des Jahrhunderts waren für ihn nichts weniger als kriminelle Hässlichkeitsfabrikanten, die die Welt mit ihren Aluminium-Stahl-Beton-und-Glas-Vergewaltigungen überzogen.

Ich las ihm Kurztexte vor, die nach meiner Ankunft in L. A. entstanden waren, die erste Prosa seit den Fingerübungen der Kindheit. Sie gefielen ihm, ›Wachtturm‹ und ›Flüge‹, ›Apes and Grapes‹ und ›Ehrengäste im Lärm‹. In Deutschland geboren, verstand er ein bisschen Deutsch, trotzdem musste ich ihm das meiste aus dem Stegreif übersetzen. Er befand, die Storys seien sensibel, wenn auch in leicht altertümelnder Sprache verfasst, das Schreiben, prophezeite er, sei seiner Meinung nach meine eigentliche Mission – mit Sicherheit nicht die Architektur, das Filmemachen schon gar nicht.

Er sagte: »Bin nicht überzeugt, dass es Gott gibt. Aber die gottähnlichste Tätigkeit auf Erden ist bestimmt das Schreiben … Unter Schriftstellern gibt es zwei Arten: die Architekten und die Gärtner. Die von mir verhassten Architekten wissen vor Beginn ihrer braven Arbeiten ganz genau, wo sie jeden Baustein hinsetzen wollen, welches Kapitel welchem Kapitel zu folgen hat, wie der ganze Aufbau und Abbau vor sich gehen soll, bis hin zum letzten Satz und dem Titel ihrer Werke. Die Gärtner hingegen, die arbeiten ganz, ganz anders. Sie spüren, sie ahnen, welche Pflanzen ungefähr wo wachsen sollten, sie überlassen sich ihren Gefühlen, sie lassen sich von ihrem Unterbewusstsein leiten, sie erlauben den Träumen, ihre Gärten zu erschaffen und zur Blüte zu bringen. Solltest du es jemals ernst nehmen mit der Literatur, nachdem du alle anderen Berufe hoffentlich an den Nagel gehängt haben wirst, empfehle ich dir, zu den Gärtnern zu zählen. Und merke dir: nichts über Papa und Mama! Das ist unliterarisch, furchtbar unkünstlerisch. Lass deine Eltern aus dem Spiel. Begrab sie. Beide. Hörst du?«

Unsere Freundschaft endete abrupt, nachdem er Teri, meine erste Geliebte, Architekturstudentin an der USC (ich kannte sie aus der Zeit der ersten Prüfungen, als ich noch nicht endgültig entschieden hatte, das Architekturstudium aufzugeben), in eine Vormittagsvorstellung von Jodorowskys ›The Holy Mountain‹ mitgenommen und sie im Kino so ungestüm begrapscht hatte, dass sie, in Tränen aufgelöst, zu mir in die Filmschule floh. Ich habe Hank, wie seine Freunde ihn nannten, danach nur sporadisch wiedergesehen, konnte nie wieder eine ähnliche Nähe zu ihm empfinden wie zu Beginn. Charles Bukowskis späteren Weltruhm habe ich nie ganz begriffen und immer mit einem gewissen Kopfschütteln zur Kenntnis genommen.

Nach dem Zerwürfnis mit Hank standen meine Wochenenden plötzlich zur freien Verfügung; ich begann, den Farmer's Market an der Ecke Fairfax Avenue und Third Street aufzusuchen, in Teris Begleitung; sie liebte den Ort mit dem weißen, hölzernen Uhrturm in der Mitte so sehr wie ich. Eine großzügige, luftige Markthalle, die jeden Tag der Woche offen hielt, das ganze Jahr über. Inmitten der Gemüse-, Obst-,

Fleisch- und Fischstände, der Käse-, Gewürz- und Schokoladeläden, der Bäckereien und Weinhandlungen lagen Kioske und kleine Lokale, die Spezialitäten aus aller Welt auftischten. Die Ware kam von landwirtschaftlichen Betrieben der näheren Umgebung und unterschied sich in ihrer Frische und Qualität deutlich von den Produkten in den Supermärkten.

Das Einkaufen auf dem Farmer's Market gehört zu meinen frühesten Erinnerungen, ich begleitete Mutter als Vier-, Fünfjähriger, im rotweißroten Oldsmobile, Modell 88. Sie chauffierte den großen Wagen wie ein Schiff über die breiten Freeways – ein Kokon der Geborgenheit, der mich in Sicherheit wiegte. Mit ihr von Stand zu Stand zu wandern, überall mit Handschlag begrüßt, denn sie war mit vielen Marktverkäufern gut: ein beglückendes Erlebnis. Nicht zuletzt, da Mutter überall Komplimente entgegennahm, wie entzückend ihr kleiner Bub sei.

Auf dem Farmer's Market hatte Teri die Idee, sich nach Abschluss ihres Studiums zunächst mit der Errichtung von Markthallen zu befassen. Ihr erster größerer Auftrag, nach Abschluss des Praktikums – sie war bereits Mitarbeiterin eines kalifornischen Architekturbüros –, sollte dann auch die Errichtung einer neuen Markthalle in der Kleinstadt Carmel südlich von San Francisco werden. Eine Bauernkooperative in der Gegend wollte einen Ort haben, wo auch sie ihre Waren – Gemüse, Obst, Milchprodukte, Fleisch und Fisch – in Konkurrenz zu den Supermarktketten anbieten konnte. Teris Entwurf sah zwar nicht außergewöhnlich originell aus, aber die blaue, leicht geschwungene Überdachung gefiel einigen örtlichen Politikern so gut, dass sie Teri baten, auch für das benachbarte Salinas sowie für Santa Cruz neue Markthallen zu entwerfen. Sie stehen übrigens heute noch.

In San Franciscos Stadtteil Russian Hill gehörte ihr mittlerweile eine kleine, gemütliche Wohnung. Ich besuchte sie, sooft ich konnte. Sie hatte etwas ungemein anziehend Burschikoses an sich, mit ihrem kurzen, lockigen Schwarzhaar und den grün schimmernden überwachen Augen. Wir begannen, an die Gründung einer Familie zu denken. Bald erhielt sie erste Aufträge aus Nevada, Arizona, Texas, kleine Villen zu bauen, die mich definitiv an meine frühen Legobauten erinnerten.

Als Teri und einem kleinen Team von Mitarbeitern der Auftrag erteilt wurde, in der nordkalifornischen Kleinstadt McKinleyville den neuen Flughafenterminal zu bauen, zählte sie zu den jüngsten Architekten, denen man eine so wichtige Aufgabe anvertraute. Das Projekt, keineswegs ein Großprojekt, nahm vom Zeitpunkt der ersten Planung bis zur Fertigstellung nur knapp drei Jahre in Anspruch. Eine durchaus überschaubare Herausforderung. Die Lokalzeitung von McKinleyville feierte den gelungenen Bau, eine hohe, helle Halle, als schönen Gewinn für die Küstengemeinde nahe dem Redwood Nationalpark.

Etwa zehn Wochen nach Einweihung der Terminalhalle läutete in der Wohnung in San Francisco – ich war gerade zu Besuch – um halb sechs Uhr früh das Telefon auf einem von Teri entworfenen Nachtkästchen aus Eichenholz. Ich hob ab. Die Stimme des Flughafenbetreibers Stan Hoffer klang tränenerstickt.

»Are you awake?«

»Now I am. Why …?«

»Let me speak to Teri.«

Ich reichte ihr den Hörer. Teri blieb stumm. Sie brach in Tränen aus. Flüsterte nur noch: »No. No. No! Please, no!«

Und legte auf. Nahm eine Embryostellung ein, vergrub sich unter den Decken, ich wagte nicht, sie anzusprechen. Sie weinte laut, immer heftiger, ich bekam es mit der Angst zu tun. Streichelte ihr schönes Gesicht, sie stieß meine Hand fort.

Plötzlich hörte der Weinkrampf auf. Sie flüsterte: »Ein Teil der Halle ist eingestürzt. Es gibt vier Verletzte. Eine Frau schwebt in Lebensgefahr.«

Die Konstruktion aus Stahl, Beton und Glas gleiche dort, wo der Einsturz geschehen sei, einem Trümmerfeld. Ein Wunder, dass nicht mehr Menschen etwas zugestoßen sei. Es war sehr früh am Morgen, die Halle beinahe leer.

Teri hatte in der Folge Prozesse durchzustehen, die Anwaltskosten verschlangen alles, was sie besaß. Ich konnte ihr finanziell nicht unter die Arme greifen. Die Katastrophe führte zu unserer Trennung. Bis heute wirft sie mir vor, dass ich ihr in jener schweren Zeit nicht zur Seite stand.

Als Hauptverantwortlicher wurde zunächst der Ingenieur des Projekts identifiziert, ein junger Einwanderer aus Costa Rica. Seine Berechnungen von Teris ursprünglichem Entwurf waren fehlerhaft. Sie hätte seine Bemessungen weit sorgfältiger überprüfen müssen, doch ihre und meine seit der Schule unüberwindliche Abneigung gegenüber der Mathematik hatte uns beide davon abgehalten, die Kalkulationen je in Frage zu stellen. Erst am Ende aller Verhandlungen stand darüber hinaus fest, dass die tausend Stahlträger aus China zu schwach waren –, die Härteangaben der Herstellerfabrik stimmten mit der realen Belastbarkeit nicht überein. Teri konnte beinahe alle Klagen zurückweisen und wurde schließlich freigesprochen.

Auch wenn sie an dem Einsturz keine unmittelbare Schuld traf, überschattete das Ereignis Teris Leben. Die zunächst schwer verletzte junge Frau, eine bolivianische Blumenhändlerin, erholte sich offenbar nach einigen Monaten Spitalaufenthalt, wechselte aber immer wieder ihren Wohnort, lebt in konstanter Angst, fühlt sich oft desorientiert und nirgendwo sicher. Nicht zuletzt aus diesen Gründen glaubt sie zwanghaft, dazu verpflichtet zu sein, immer wieder umzusiedeln.

Teri hat die Baukunst nach dem Einsturz des Flughafenterminals von McKinleyville innerhalb weniger Monate für immer hingeworfen. Sie lebt heute zurückgezogen auf einer Lavendelfarm in Oregon.

La halle brûle!

Um vier Uhr früh läutet in der Pariser Wohnung das Festnetztelefon. Seit es Handys gibt, wird es kaum noch genutzt, aber diesmal ist das Vibrieren des Smartphones unbemerkt geblieben. Dylan ist nachts nicht nach Hause gekommen. Ständig besorgt, es könnte meiner Tochter, unterwegs in der Stadt, Unvorhergesehenes widerfahren, tappe ich durch den stockfinsteren Salon, stolpere über Schuhe.

»C'est moi, viens vite, la halle brûle!«, schreit Gaston, mein Freund, Barmann, Kaufmann, Lebemann, in den Apparat. Die große Markthalle des Aligre drohe niederzubrennen, das Feuer sei zehn Minuten zuvor ausgebrochen. Er kam gerade von einem Fest nach Hause – Gaston wohnt direkt gegenüber der Halle, in der rue de Cotte, in einem Hinterhof –, als er die ersten Flammen auflodern sah und die Feuerwehr alarmierte. Nun warte er auf die Pompiers, sie seien noch nicht eingetroffen; das Feuer greife immer gefährlicher um sich.

Ziehe mich hastig an, Hose, Hemd und Pullover über den Pyjama, wie jedes Mal, wenn ich morgens zum Markt gehe, sogar im Hochsommer, ein Ritual, das ich selbst nicht verstehe. Jetzt dringt vielfaches Sirenengeheul von den umliegenden Straßenzügen in den sechsten Stock.

Stehe Minuten später vor der hohen Halle, die mich an einen im Goldenen Schnitt errichteten griechischen Tempel erinnert. Sie hat etwas Sakrales an sich, diese Halle, ein ungemein ästhetisches Bauwerk, einer mächtigen Basilika nicht unähnlich. »Die wunderschöne Halle, das ist die *Mama* von deinem Markt! Ohne diese Halle würde dein Markt zerbröseln«, stellte der bekannte slowenisch-italienische Architekt und Städteplaner Boris Podrecca fest, als wir den marché d'Aligre unlängst gemeinsam besuchten. Mehrere Löschzüge sind zur Stelle, Dutzende Feuermehrmänner ertränken die letzte aufzüngelnde Lohe in Wasserkaskaden. Nur in Filmen oder Fernsehnachrichten sehe ich Gebäude in Flammen stehen, empfinde den Brand, als sei mein eigenes Zuhause bedroht. Fühle mich in die Nacht zurückversetzt, als Teri erfuhr, die Terminalhalle sei eingestürzt.

Es stinkt nach verkohltem Holz und nach Bier, Käse, angesengtem Fleisch und Fisch, nach nicht näher identifizierbaren Ausdünstungen. Gaston läuft auf mich zu, er sieht aus, als habe er tagelang nicht geschlafen. Ganz in Schwarz gekleidet: Seidenhemd, Jeans, Converse-Sneakers. Unter dem schwarzen Vollbart ist er kreidebleich.

»Ich hatte Angst, die Halle würde vollkommen – …! Entsetzlich …!« Er stottert, schlottert, lallt. »Wie ist das möglich? Was glaubst du? Ein Attentat?«

»Wer sollte hier absichtlich Feuer legen? Ein Kabelbrand vielleicht …«

»Du bist so naiv! Es gibt große Feindschaften unter den Händlern. Viel Neid. Mega-Eifersucht.«

Mich friert, ich bin übernächtigt. Frühestes Tageslicht verschmilzt mit dem rosa Leuchten der langsam absterbenden Flammen. Wir stehen nahe bei einer Gruppe Feuerwehrleute, hören ihren Gesprächen zu. Gaston scheint jeden in unserem *quartier*, unserem Dorf, zu kennen, es überrascht mich nicht, dass die Pompiers ohne weiteres auf seine Fragen eingehen.

Das Dach der unter Denkmal stehenden Halle Beauvau sei stark beschädigt, die Statik zwar nicht gefährdet, die Zerstörungen im Inneren seien jedoch erheblich. Olivier Prospers Käsestand in der Mitte der Halle ist komplett abgebrannt. Man vermutet, der Brand könnte von dort seinen Ausgang genommen haben. Anders als die umliegenden Marktstraßen, die rund um die Uhr von zwei gut getarnten Videokameras an den entgegengesetzten Enden der rue d'Aligre im Auge behalten werden – nur wer von ihnen weiß, wird sie auf den eigens dafür errichteten Laternenpfählen erkennen –, blieb das Innere der Halle bisher unbewacht. Das wird sich in Zukunft vermutlich ändern.

Inzwischen ist auch Polizei vor Ort, die Beamten beginnen, die wenigen Schaulustigen, die inzwischen aufgetaucht sind, zu befragen.

»Wer hat die Feuerwehr gerufen?«, wollen sie wissen. »Wer war als Erster hier?«

»Wir ziehen uns in meine Wohnung zurück«, schlägt Gaston flüsternd vor, sonst besteht womöglich Gefahr, dass man uns für die Brandstifter hält.

Sein Einzimmerapartment ist ganz von den Gerüchen vor dem Haus erfüllt. Ein unaufgeräumterer Ort kaum vorstellbar: Kleider und Bücher, Geschirr, Sonnenbrillen, Unterhosen, Kopfhörer und Elektrogeräte liegen so durcheinander, als habe soeben eine aggressive Hausdurchsuchung stattgefunden. Gaston murmelt vor sich hin, er komme seit Tagen nicht zur Ruhe, arbeite zurzeit nachts als Discjockey, tagsüber im Baron Rouge, dem Weingeschäft an der Ecke. Er setzt Kaffee auf, mir wird langsam wärmer.

Gaston sieht einem französischen Schauspieler zum Verwechseln ähnlich – er ist sich dessen bewusst. In der oberen Reihe fehlen ihm allerdings etliche Zähne, die beiden vorderen Schneidezähne sind vorhanden, hasenähnlich, daneben klaffen links und rechts breite Löcher. Auch die untere Reihe ist nicht vollständig, und die wenigen dort vorhandenen Zähne sind viel zu klein. Die von mir verehrte Filmschauspielerin, die Pantherähnliche, hat ihn am Vortag angesprochen, sie wolle so gern einmal mit ihm zusammenarbeiten, er führe ja nun auch Regie. Als er entgegnete, sein Name sei nicht Yvan Attal, sondern Gaston Gerald, schien sie keineswegs enttäuscht, lud ihn ein, sie besuchen zu kommen: »163, Faubourg Saint-Antoine, raunte sie mir zu«, erzählt er, »wann immer Sie wollen, klopfen Sie an die Tür im zweiten Stockwerk. Das Haus hat im Moment keinen Eingangscode …«

In Wales geboren und in den ersten Jahren dort aufgewachsen, ging er in Nancy zur Schule, nachdem seine Eltern, beide Mathematiklehrer, sich getrennt hatten und die drei Scheidungskinder der Mutter nach Frankreich folgen mussten. Er pendelt zwischen London und Paris, ist abwechselnd in beiden Städten berufstätig. Perfekt zweisprachig, merkt man ihm weder in der einen noch in der anderen Sprache den geringsten Akzent an.

»Ein Glück, dass nicht mehr passiert ist«, stöhnt er, schenkt uns beiden zwei Fingerbreit japanischen Whisky ein. »Ich liebe diese Halle wie mein eigenes Haus«, fährt er fort. »Ich weiß: Dir geht es ähnlich, darum rief ich dich sofort an. Wir sollten später, wenn Polizei und Feuerwehr abgezogen sind, versuchen, einen Blick in die Halle zu werfen.«

»Das wird doch kaum möglich sein …«

»… durch einen geheimen Seiteneingang, keine Sorge.«

Um sieben Uhr morgens umgibt ein Kordon aus rotweißroten Plastikbändern den Brandort, wie nach einem Mordfall. Die ersten Markthändler tauchen auf, sowohl jene, die in der Halle, als auch jene, die auf den Straßenzügen ihre Stände unterhalten. Viele kommen gerade vom Großmarkt Rungis, wo sie seit vier, fünf Uhr früh die Ware für den Tag eingekauft haben. Man fällt einander um den Hals, Männer küssen Männer, Frauen küssen Frauen auf beide Wangen, in manchen Fällen drei-, sogar vierfach, wie in der französischen Provinz. Jeder fragt jeden, was passiert sei. Der besonders betroffene Käsehändler hielt sich an diesem Wochenende in der Bretagne auf, er wurde bereits benachrichtigt, in wenigen Stunden müsste er hier eintreffen.

Laurence, die den italienischen Stand in der Halle führt, bricht in Tränen aus. »Das bedeutet Monate ohne Arbeit …«

Hamza und seine Brüder stehen vor der Absperrung, ich habe die drei noch nie so wortkarg erlebt.

Min fragt mich, ob ich Genaueres wisse.

Gaston gibt mir mit der Zeigefingerspitze ein kaum merkliches Zeichen, wie es irische oder walisische Pferdehändler bei Auktionen zu tun pflegen, wenn sie halb versteckt den Preis in die Höhe zu treiben versuchen. Er führt mich hinter die grüne *Benne*, den lastwagengroßen, von der Stadt verwalteten Müllcontainer, in den die Markthändler ihre Abfälle und verdorbenen Waren werfen. Eine Tür, die mir nie zuvor aufgefallen ist, führt in ein kleines Büro.

»Wie kommt es, dass du den Schlüssel hast?«, frage ich Gaston.

»Weil einer meiner zwanzig Jobs der letzten Monate … ich helfe manchmal Ferdinand, dem placier, bei seiner Arbeit. Das ist eines seiner Büros, er hat sich diese Woche frei genommen und bittet mich, regelmäßig nach dem Rechten zu sehen.«

»Hättest du den Beamten ja erklären können, als sie fragten, wer die Feuerwehr gerufen hat.«

»Ich spreche nicht gern mit Polizisten.«

Gaston schließt nun auch eine dicke Metalltür am anderen Ende des engen Raums auf, sie dürfte das mit Papieren vollgestopfte Büro vor den Flammen bewahrt haben. Wir stehen im Inneren der verkohlten, verwüsteten Halle. Der Gestank ist unerträglich. Jene Stände, die das Feuer nicht gänzlich zerstört hat, wurden so sehr in Mitleidenschaft gezogen, dass ihre gesamte durchnässte Ware, Käse, Fleisch, Fische, Schalentiere, Austern, Geflügel, Würste und Patés, Kuchen und Oliven, auf dem Boden eine hohe Schicht aus undefinierbarer Masse bilden, in der wir waten. Eine gallertartige Lebensmittelflut, von den Wassermassen zusammengefegt, zusammengewürfelt, zerdrückt.

Mir ist nicht ganz geheuer, was wir hier tun, dass wir hier stehen und gehen, ich komme mir vor wie ein *juvenile delinquent*, ein jugendlicher Straftäter, raune Gaston zu, man könne uns nicht nur verdächtigen, mit dem Brand etwas zu tun zu haben, sondern verhaften, falls jemand bemerkt, dass wir uns in der Halle aufgehalten haben. Unsere Alkoholfahne könnte die Unschuldsvermutung weiter abschwächen.

»Du machst dir immer viel zu viele Sorgen. You're so *square*!«

»Das kommt mir bekannt vor.«

»Sagt man dir das öfter? Ich bin ja von Ferdinand beauftragt, sein Amt zu bekleiden, solange er nicht hier ist. Er würde jetzt auch hier stehen, wo wir stehen.«

»Gut, aber was habe *ich* … hier verloren?«

»Die Halle bedeutet dir so etwas wie … das hast du mir ja wiederholt erklärt … ein Stück Heimat. Das ließe sich vor jedem Richter ins Spiel bringen.«

Entwurzelte

Drei Tage nach dem Brand, gegenüber der Halle, im engen, dunklen Café ›Le Charolais‹, in der rue de Cotte: Ich stehe am Tresen und höre den Gesprächen der Marktverkäufer zu. Jeder hat an diesem Morgen eine Erklärung parat, wie die Katastrophe geschehen konnte, aber niemand ist sicher, mit seiner Vermutung richtigzuliegen. Die Halle wird monatelang nicht zugänglich sein, die Mitarbeiter und Mitarbeiterinnen ihrer achtzehn Verkaufsstände sind ausnahmslos in den Zwangsurlaub entlassen worden. Der am schlimmsten betroffene Käsestandbesitzer steht im Verdacht, mit dem Feuer etwas zu tun zu haben – ein Versicherungsbetrug? Eine Mutmaßung, die Olivier unter Tränen von sich weist. Seine Freunde glauben ihm, seine Feinde bezichtigen ihn der Lüge. Er hat weit mehr Feinde als Freunde.

Warum ich immer hier, im ›Le Charolais‹, ein viel zu breites Stück Baguette mit leicht ranzig schmeckender Butter – unbedingt ohne Marmelade – und den doppelten Espresso, un double, schwarz, ohne Zucker, frühstücke, wenn ich morgens am Markt bin, wundert mich. Es gibt hier eine Toilette ›à la Turc‹, keine Muschel, keine Klobrille, bloß die Porzellanfläche im Boden, mit einem Loch in der Mitte; in ganz Frankreich findet man solche Aborte kaum noch, am Aligre ausschließlich hier.

›Le Penty‹, nebenan, ist ein viel sympathischerer Ort, und ich mag den alten Jojo sehr, einen aus Israel gebürtigen

Sepharden, dem das Café gehört. Auch das ›La Grille‹ ist größer, heller, weitaus freundlicher als das ›Le Charolais‹. Der tunesische Besitzer Omar, seine Frau Saïda, ihre drei Töchter, sieben, neun und zwölf Jahre alt – eine wunderbare Kaffeehausbesitzerfamilie. Alle fünf weiteren Marktcafés erscheinen mir angenehmer zu sein als das ›Le Charolais‹. Und trotzdem zieht es mich – nicht nur zum Frühstück – immer wieder hierher.

Es wird von Hervé geführt, dem ehemaligen Zweitligaspieler einer nordfranzösischen Rugbymannschaft. In den acht Jahren, seit er das Café übernommen hat, reichte er mir kein einziges Mal die Hand. Jedem anderen Stammkunden sofort, sobald einer von ihnen das Lokal betritt, mir nie. Nur einmal machte er eine Ausnahme: Frankreich bestritt ein Fußballländerspiel gegen Deutschland. Das Café berstend voll, Gebrüll, Gejohle. Als das französische Team mit 2:0 in Führung ging und Hervé auch mich jubeln sah, nahm er mich streng ins Visier: »Mais t'es Allemand, toi!« Wie kann es sein, dass sich einer für die Niederlage seiner eigenen Landsmänner begeistert?

»Ich bin doch kein … *Deutscher*!«

Er sah mich entgeistert an. Griff wortlos zu einem hohen Glas, zapfte mir ein Freibier.

»T'es quoi, alors?«, hakte er nach, über das Gebrüll hinweg, sobald ich den ersten Schluck nahm, was bist du also?

»J'ai le passeport américain …«

»C'est pas mieux!«, brummte er – das sei auch nicht besser.

Fünfzig Rugbybälle in verschiedenen Farbtönen hängen von der Decke des ›Le Charolais‹. Die beiden Bildschirme, links und rechts über dem Eingang, übertragen am frühen Morgen Rugbyspiele des Vortags, im Playback, ohne Ton, oder Livesendungen von Meisterschaften in Australien, Neuseeland, Südafrika. Hervé schielt auf die Fernsehbilder, während er mit seinen eckigen Bewegungen Kaffee zubereitet und jede Menge Alkohol ausschenkt. Nicht wenige seiner Stammkunden bestellen Bier, Wein, Calvados, Pastis, bevor sie zur Arbeit gehen.

Golnaz, die schöne hochgewachsene Tochter persischer Flüchtlinge, die nach dem Zusammenbruch des Schah-Regimes in Frankreich Asyl zuerkannt bekamen, steht Hervé allmorgendlich zur Seite, seitdem der Zeitungsladen ihrer Eltern schließen und einem Weingeschäft Platz machen musste. Sie ist seit einigen Monaten Hervés Geliebte, ihre Körpersprache verrät es. Ich begreife es nicht, Golnaz muss sehr einsam sein, anders lässt sich diese Verbindung nicht erklären. Hervé ist »un grincheux«, ein zutiefst Griesgrämiger. Im Wortklang *grincheux* schwingt sein ganzes Wesen mit.

Als Laurence, die den italienischen Delikatessenstand in der Hallenmitte führt, das ›Le Charolais‹ betritt, verstummen alle Anwesenden. Ihr drahtiger Körper, die kurz geschnittenen Haare, die Brille, verleihen ihr das Aussehen einer ehemaligen Sportlerin, einer Schwimmerin vielleicht. Blass, verweint sieht sie an diesem Morgen aus, wartet keine Minute, bevor sie ihre Überzeugung in den kleinen Raum hinausposaunt: »Es war Philippe, Oliviers Bruder!«

Alle Anwesenden rufen durcheinander: »Philippe?«

»Wie kommst du denn *da*rauf?«

»Warum sollte er?«

»Was wäre sein Motiv?«

»Eifersucht. Seit der Kindheit. Die beiden liegen zwei Jahre auseinander, Olivier ist der Jüngere, von seinen Eltern immer bevorzugt. Und alles, was Olivier je angefasst hat, ist ihm gelungen. Philippe hingegen lebt in der Banlieue, hat nie einen richtigen Beruf ausgeübt – und hasst seinen Bruder. Leidenschaftlich..«

Gemurmel im Café, man hält Laurences Anschuldigung für überzogen, unbewiesen, wendet sich von ihr ab. Ich setze mich zu ihr.

»Meine Nächte sind total zerstückelt, seit dem Feuer«, sagt sie, »ich bin noch keine Nacht wirklich zur Ruhe gekommen.«

Ihr Großvater väterlicherseits war ein hoher französischer Staatsbeamter, der Vater Koch, sie erwähnt das jetzt – ohne ersichtlichen Zusammenhang. Vielleicht um zu untermauern, jemand wie sie wisse weit mehr, durchschaue die Menschen besser als die anderen Habitués im Café.

»Du kannst dir den Luxus im Haus meines Opas nicht vorstellen. Wir tranken aus Kristallgläsern – als Kind kannte ich schon die besten Weine und trank sie auch.«

Laurences Mutter arbeitete als Näherin, bevor sie Lebensmittelverkäuferin wurde. Seit der frühen Kindheit war sie von Viktualien umgeben. Ihr Vater übte seinen Beruf in ganz Europa aus, da es ihn in keinem Etablissement länger als ein paar Monate, im besten Fall ein, höchstens zwei Jahre hielt. Überall überwarf er sich nach kürzester Zeit mit den jeweiligen Etablissementbesitzern. »Ich sah ihn bestenfalls zu den Feiertagen, er war ja nie zu Hause, lebte immer woanders. Eine traurige Gestalt …, und er starb viel zu jung. Wenn du mich fragst: an Einsamkeit.« Das italienische Geschäft übernahm Laurence vor mehr als dreißig Jahren von einer Familie aus Apulien, obwohl sie selbst keineswegs italienischer Abstammung ist, katalanische, griechische, französische Vorfahren hat.

»Ich liebe, wie du weißt, meine Arbeit über alles«, sagt sie, »vor allem den Umgang mit Menschen aus allen Schichten der Bevölkerung, die Leute kommen wirklich von überallher. Egal, ob es Arbeiter oder Ärzte, Musiker, Automechaniker oder Architekten sind. Die Vorstellung, jetzt monatelang nicht in die Halle zu können – unerträglich.«

Laurences Ehemann, ein Fotograf, lauert durchreisenden Berühmtheiten vor ihren Nobelhotels auf – Paparazzo trifft wohl besser auf ihn zu. In den Jahrzehnten, in denen seine Frau in der Aligre-Halle arbeitet, kam er sie hier kein einziges Mal besuchen. Er behandelt sie schlecht, das wissen wir alle.

»Was wirst du machen, bis die Halle ihre Tore wieder öffnet?«

»Das weiß ich nicht. Fühle mich vollkommen entwurzelt. Entwurzelt wie die Marktverkäufer außerhalb der Halle …«

»Warum nennst du sie Entwurzelte?«

»Die Stadt Paris, der französische Staat, bezeichnet Marktverkäufer als *forains*, als Fahrende, Nichtsesshafte, im Grunde als Schausteller. Jene, die in der Halle arbeiten, bezeichnet man als *forains sédentaires*, also als sesshafte Schausteller, aber alle, die außerhalb der Halle arbeiten, gleichsam als fliegende, nichtsesshafte Händler, als Vaganten.«

»Das heißt, ihr seid alle so etwas wie Zirkusakrobaten?«

»Das …ist gar nicht so abwegig: Ich sage meinen Mitarbeitern jeden Morgen, sowohl Frédéric als auch Agatha, der Portugiesin, die du so magst – oder glaubst du, ich merke nicht, wie du ihr schöne Augen machst, jedes Mal, wenn du zum Stand kommst? –, bevor wir zu arbeiten beginnen: Eure privaten Sorgen haben hier nichts zu suchen, ihr seid Artisten unter der Hallenkuppel, ihr habt eine Show abzuziehen.«

»Der Umgang mit eurer Klientel ist also eine Art Performance?«

»Unbedingt …!«

Ein auffallend gut gelaunt wirkender Mann Mitte vierzig, er ist in Eile, winkt Laurence im Vorbeilaufen zu, als wir das ›Le Charolais‹ verlassen. Ein Musiker? Dirigent? Komponist? Oder ein Kunstmaler? Bildhauer?

»Siehst du, das meine ich – so unterschiedlich ist meine Kundschaft: Monsieur Dambrine arbeitet für die Polizei. Von Beruf Pathologe: Er schneidet Mordopfer auf. Und Agatha war ganz wild auf ihn, vor Jahren, damals wollte sie noch eine Ausbildung zur Thanatopraktikerin machen. Weißt du überhaupt, was das ist?«

»Nein.«

»… die Behandlung, die dafür sorgt, dass die Hinterbliebenen keinen Herzinfarkt erleiden, wenn sie ihre Verwandten oder engen Freunde im Sarg aufgebahrt zum letzten Mal zu sehen bekommen. Also Schminkmeisterin für die Gesichter und Körper von Toten. Natürlich besonders dann, wenn sie durch Gewalteinwirkung oder Unfalltod entstellt sind. Ich glaube, die beiden hatten sogar ein kleines Techtelmechtel, Agatha und Monsieur Dambrine. Und als er sie sitzen ließ, er ist ja ein verheirateter Familienvater, hat sie ihre Berufsidee aufgegeben …«

Zoe

Nach der Trennung von Teri verließ ich Los Angeles, lebte ohne inneres Zentrum, ohne Zufriedenheit, konnte mich nicht entscheiden, wo ich mich niederlassen und welchen Beruf ich ergreifen sollte. Ich hatte kein Einkommen, keine Ersparnisse, übermütig beschloss ich daraufhin, jeden Besitz zu verachten. Reiste mit geliehenem Geld rastlos umher, führte ein unstetes Leben zwischen Amerika und Europa.

Meine Tante, die Schwester meiner Mutter, bot mir an, eine Weile bei ihr zu wohnen, in ihrem bescheidenen Haus in Thalgau, nahe Salzburg, in das sie sich nach dem Fortgang aus Wien mit ihrem dritten Ehemann zurückgezogen hatte. Tilla kümmerte sich ausschließlich um ihren großen Garten, genoss es, nicht mehr als Psychoanalytikerin tätig zu sein, keinem Patienten mehr raten zu müssen, wie er oder sie ihre Existenz in den Griff bekommen sollte. Monsieur Cuvelier, ihr französischer Mann, konnte seinen kleinen Theaterverlag nach einem leichten Schlaganfall schon seit längerem nicht mehr leiten. Er schien sich damit abgefunden zu haben, empfing zuweilen Besucher aus Salzburg, München und Umgebung, denen er Meditationskurse anbot. Er gab mir Privatstunden, brachte mir regelmäßiges konzentriertes Atmen bei, bis ich erkannte: Der Körper ist mein Zuhause. Die Körperhülle die erste und letzte Heimat, die wir bewohnen. Von innen durch Schmerzen, Angst, Traurigkeit, Krankheit konstant bedroht. Von außen durch Kälte, Hitze, Regen, Sturm.

Der Sommer, den ich in Thalgau verbrachte, war regnerisch und kühl. An einem wolkenbedeckten Sonntag Mitte Juli, einem Markttag der Gemeinde, an dem zugleich eine große Kirmes stattfand, mitsamt Karussell, Hochschaubahn, Schießbuden und mit Süßigkeitsständen, die Schaumrollen, türkischen Honig, Lebkuchenherzen feilboten, bewegte ich mich von Stand zu Stand, kostete marktschreierisch angepriesene Kekse, gebrannte Mandeln, Käse, Schnäpse, Wein, alles durcheinander, bis mir übel wurde. Warf mit weichen Bällen auf Dosen und gewann einen rosa Plüschbären. Der Lärm war groß, die Blasmusik über Lautsprecher kaum auszuhalten. Es stank nach Langos, nach fetttriefenden Würsten und Zuckerwatte.

Eine Frau in meinem Alter, Anfang dreißig, etwas jünger vielleicht, fiel mir auf, schmal, eher klein, sie sah Teri ein bisschen ähnlich, bildete ich mir ein. Sie schien allein auf dem Jahrmarkt unterwegs zu sein. Ihre Kleidung passte nicht hierher. Die Farben, die edlen Stoffe und Formen waren mit Bedacht aufeinander abgestimmt. Sie fotografierte, schoss zehn, zwölf Bilder in der Minute, wobei sie ihre Leica ausschließlich auf Schausteller und deren Partner, Kinder, Geschwister richtete.

Ich hörte eine alte, gebrechliche Frau, die ihr erklärte: »Man sagt ja, wenn ein Schausteller einmal einen Schuh durchgelaufen hat, kommt er nicht mehr los. Wenn einer so lang dabei war, dass er sich ein Paar Schuhe zerrissen hat, dann hat er's übersehen, dann kommt er nicht mehr weg.«

Und ihr Mann fügte hinzu: »Unser Beruf ist schwer. Auf der Reise geboren, auf der Reise aufgewachsen, auf der Reise das Geschäft erlernt, auf der Reise alt werden …«

Sie befragte die Leute ausführlich; aus der Distanz glaubte ich, bei ihr einen leichten Akzent zu hören. Jedes Mal, bevor sie auf den Auslöser drückte, vergewisserte sie sich, dass es den Abgebildeten auch recht sei. Danach ging ein Fotogewitter auf sie nieder. Ich schlich näher heran, verfolgte die Unbekannte, von der Achterbahn zu den Autoscootern, von einer Schießbude zur nächsten. Bis sie sich vor der kleinen Geisterbahn jäh zu mir umdrehte: »Was wollen Sie? Sind Sie verrückt?« Der Akzent war eindeutig, ich hatte mich nicht geirrt.

»… just curious to watch you, that's all.« Der Plüschbär in meiner Hand störte mich sehr, ich setzte ihn auf dem Deckel eines Abfallkübels ab.

Sie wusste nicht, ob sie zornig bleiben oder lächeln sollte. Entschied sich zunächst dafür, mir vorzuwerfen, es gehöre sich nicht, einer Frau in dieser Weise aufzulauern, nachzusteigen, was mir einfalle? Ich entschuldigte mich. Fragte sie, woher sie komme, erzählte ihr, in Kalifornien geboren zu sein, in Laguna Beach, südlich von Los Angeles, und länger in den Staaten gelebt zu haben. Ihre Züge entspannten sich ein wenig. Wir sprachen Englisch, obwohl sie mich wissen ließ, zweisprachig aufgewachsen zu sein, ihr Vater stamme aus Wien. Sie lehnte gegen das Gitter, das den Jahrmarkt vom Rest des Ortes abgrenzte, und begann, während die Geisterbahnbetreiber ihre Attraktion viel zu laut anpriesen, mir zunächst zaghaft, sodann überraschend bereitwillig mitzuteilen, dass ihre österreichischen Vorfahren im neunzehnten Jahrhundert als fahrendes Volk durch Europa gezogen seien. Sie hatte in Princeton Anthropologie studiert und arbeitete, ihren Ahnen zu Ehren, an einem Buch mit Schwarz-Weiß-Fotografien, das europäische Schaustellerfamilien abbilden und deren Lebenswege nachzeichnen wollte.

Die Stimme. Ihre Bewegungen. Ihre hellbraunen Augen. Die so schön geschwungenen Lippen. Die Klugheit ihrer Worte. Ich habe mich in den ersten Minuten unseres Gesprächs in Zoe verliebt.

Wir saßen Stunden in einem verrauchten, nach Bier, Wein und Schweinefleisch stinkenden Gasthaus, an den anderen Tischen Schausteller und Kirchweihgäste. Sie lebte in einer eheähnlichen Beziehung mit einem zehn Jahre älteren Kinobetreiber, das hielt mich keineswegs davon ab, schamlos mit ihr zu flirten. Sie gefiel mir über alle Maße, je später es wurde und je mehr Weißwein wir tranken, umso mehr. Ich war sicher, sie aus einem früheren Leben zu kennen. Aus mehreren früheren Leben? Ich sprach es aus. Sie tippte mit dem kleinen Finger der rechten Hand gegen ihre Stirn, zeichnete einen Kreis in die Luft. Ich griff nach dem Finger. Und als sie ihn nicht zurückzog, streichelte ich ihn, führte ihn schließlich an meine Lippen. Sie ließ es geschehen – und ich bildete mir ein: Wer den kleinen Finger gibt, dem nimmt man die ganze Hand. Und ich nahm die ganze Hand. Küsste jede ihrer Fingerspitzen. Bis der Wirt, ein kleiner Greis mit rechteckigem Oberlippenbärtchen, »Sperrstund'!« rief.

Auf dem Weg zu der kleinen Pension, in der sie übernachtete, machten wir Station in einer menschenleeren Bar, tranken Apfelschnaps, während die Jukebox Mel Tormés ›Comin' Home Baby!‹ spielte, beinahe zu viel des passend Guten: »I'm comin' home, baby now / I'm sorry now I ever went away / Every night and day, I'm gonna stay …« Ich interpretierte diesen traumhaft eindringlichen Gesang als Zeichen der Zufälle, die mein Leben steuerten.

Um Mitternacht standen wir vor dem Tor ihrer Bleibe, ich küsste sie auf die Stirn, wir verabredeten uns für den Morgen, ich wollte den nächsten Tag mit ihr verbringen. Oder mein Leben? Der Besitzer stand vor uns, wie aus einer Bühnenversenkung aufgetaucht; ein riesiger Schlüsselbund schepperte in seiner Hand. »Sie kommen aber im allerletzten Moment. Grad hab ich woll'n zusperren!« Er warf mir einen Blick zu, der besagte: Die Dame schläft allein hier, nicht mit Ihnen im selben Bett!

Das Gästezimmer im Haus der Tante lag unter dem Dach, Regengüsse plätscherten durch Halbschlafmomente und Traumversuche. Am nächsten Vormittag holte ich Zoe ab, sie hatte ähnlich unruhig geschlafen wie ich.

»Hast du dir einen deiner Träume gemerkt?«, wollte ich wissen.

»Ja, aber … den möchte ich für mich behalten …«

Wir fuhren mit dem Postbus nach Salzburg, mimten ein lautes, zänkisches Ehepaar auf Reisen, unterwegs am Stadtrand von Mexico City. Er wollte ins ›Museo Nacional de Antropología‹, seine Frau auf schnellstem Weg nach Acapulco weiterfliegen, um sich an der Beach zu bräunen. Man drehte sich verärgert nach uns um. Die Vororte von Salzburg ähnelten im Regenguss durchaus Mexico City. Ich fragte eine alte Frau in der Reihe vor uns: »El centro?« Sie reagierte nicht.

Als wir ausstiegen, am Salzburger Busbahnhof, stand dort eine junge Frau mit einem Neugeborenen im Arm, ich sprach sie an: »Sie sind aus Mexico City?«

»Wieso wissen Sie? Ich bin aus Mexico City.«

»Das sieht man … Ihnen an …«

Wir zogen weiter. Wie Kinder kichernd.

Ich begleitete Zoe zum Marktamt der Stadt, wo sie Auskünfte zu Markttagen in der näheren Umgebung, zu Schaustellern und möglichen Kirmesstandorten einholte. Am folgenden Wochenende gebe es eine große Kirchweih, nicht in diesem Bundesland allerdings, sondern im benachbarten Oberösterreich.

»Da bin ich schon auf dem Rückweg … nach Hause«, flüsterte sie mir zu.

Vier Tage Taumel – im Mansardenzimmer eines kleinen Hotels, das wir selten verließen. Stürzten uns mit der heftigsten Lust aufeinander, die ich je gekannt hatte. Unerträglich der Abschied auf dem Münchner Flughafen. Ich weinte, Zoe nicht, als wir einander an der Passkontrollstelle Adieu sagen mussten. Sie machte mir nicht die geringste Hoffnung auf ein Wiedersehen. Mir blieb nichts, als eine Postadresse in Lakewood, New Jersey: 77, Eagle Lane, Apartment #4.

Brief auf Brief blieb unbeantwortet. Eine andere Welt: Es gab zu jener Zeit, für Nachgeborene kaum vorstellbar, weder elektronische Nachrichtenübermittlungen noch Mobiltelefone, weder Skype noch WhatsApp, Signal, Facetime oder WeChat. Es gab nichts als die ganz normale langsame Luftpost. Briefe zwischen den Kontinenten waren mindestens fünf Tage, mitunter eine Woche unterwegs. Man konnte allerdings Telegramme senden. Die den Adressaten in der Regel ein paar Stunden später erreichten, dank Expressbriefträgern, die auf Motorrädern unterwegs waren.

Meine Telegramme, von denen ich mehrere abschickte, klangen kläglich, weinerlich: »You are my Heimat«, hieß es da, oder: »Waiting for you«, »Please come back.« Ein- oder zweimal sogar: »I beg you!« Keine Reaktion. Nichts.

Nach sechs Monaten vergeblicher Kontaktaufnahme sah ich eine Chance, der Geliebten trotz ihres Rückzugs wieder zu begegnen: Ein junger Architekturdozent, den ich in den Wochen vor meinem Entschluss, nicht an der USC zu bleiben, kennengelernt hatte, war einer meiner wenigen engeren Freunde in den Jahren in Los Angeles. Er hatte sich ausgerechnet in Lakewood, New Jersey, niedergelassen, wo er als Architekt arbeitete, hatte dort eine kleine Familie gegründet. Wir korrespondierten, er freute sich auf meinen Besuch; ich behauptete, ausschließlich seinetwegen anzureisen. Ich sei bei ihm, seiner Frau und dem neugeborenen Sohn als Hausgast hochwillkommen, ließ er mich wissen.

Seine Adresse lag zwei Straßenzüge von der Eagle Lane entfernt.

Dystopia

Sandy Rothman und sein kleines Architekturbüro arbeiteten an der Endfertigung einer mehrstöckigen Yeschiva, einer Bibelschule für junge Männer, als ich in Lakewood eintraf. Ich hatte von Manhattan aus einen Greyhoundbus genommen, der endlos lange unterwegs war. Die Stadt beherbergte eine große jüdisch-orthodoxe Bevölkerung, das hatte ich bis zu meiner Ankunft nicht gewusst. Ich ahnte auch nicht, dass Sandy nach strengem Ritus lebte; er hatte seit den Jahren in Los Angeles offenbar eine Wandlung durchgemacht. Das Gästezimmer war einfach und sympathisch eingerichtet, Sandys mollig-gemütliche Ehefrau Esther kümmerte sich aufmerksam um mich. Das sechs Wochen alte Baby Itzhak schlief meist in einem überdachten Strohkorb.

Sobald mir der Freund die weitläufige Baustelle gezeigt und mich seinen Mitarbeitern vorgestellt hatte – er war zu Recht stolz auf seine Leistung –, erklärte ich ihm, die Kleinstadt erkunden zu wollen. Es war sehr kalt im Osten der Staaten, am Vortag war ein Blizzard niedergegangen, der Schnee lag meterhoch. Vorbei an Parkanlagen und einem zugefrorenen See, fand ich zur Eagle Lane. Stellte mich in unmittelbare Nähe des unscheinbaren vierstöckigen Zinshauses und wartete. Wartete, in der Eiseskälte auf und ab spazierend, in der Hoffnung, Zoe werde die Erdgeschosswohnung bald verlassen oder betreten.

Nach drei Stunden, ich fühlte die Zehen nicht mehr, erschien ein Postbote, der wohl alle meine Briefe, vielleicht auch die Telegramme der letzten Monate ausgetragen hatte. Er läutete an der Wohnungstür #4. Eine ältere Dame öffnete, unterschrieb eine Empfangsbestätigung. Das Innere der Wohnung sah aus der Entfernung dunkel, altertümlich aus. Ich hielt es nach dem Fortgang des Postboten nicht länger aus, ging auf das Haus zu. Das Schild an der Tür lautete auf Sarah Barber. Zoes Nachname war ein ganz anderer. Ich klingelte.

Die alte Dame, eine Schwester von Zoes Mutter, reagierte überraschend freundlich auf meinen Besuch. Ein Zeichen!, dachte ich sofort: In Thalgau wohnte ich bei meiner Tante so wie Zoe hier in Lakewood bei ihrer Tante.

»Nein, junger Mann, Zoe wohnt nicht hier, wie kommen Sie darauf?«, sagte sie mit unsicherem Lächeln, nachdem ich mich vorgestellt hatte. »Hereinspaziert mit Ihnen, es ist ja bitterkalt. Sie sind also der Absender der vielen Post? Sie kommt ein-, zweimal im Jahr hier vorbei, aber der letzte Besuch, der ist schon ziemlich lange her, länger als sonst. Beim nächsten Mal wollte ich ihr den Packen übergeben, der hier auf sie wartet.« Sie zeigte auf das Bündel, es lag im Korridor auf einer Diele, nahe dem Eingang. »Sie sind aber hoffentlich nicht extra wegen Zoe nach Lakewood gekommen, Sie Armer? Ich werde ihr erzählen, dass Sie hier waren. Ich wäre so froh, wenn sie ihr Nomadendasein endlich hinter sich ließe, ein richtiges Zuhause hätte und eine Familie gründen würde … Keine Ahnung, wo sie sich zurzeit aufhält. Sie macht immer so auf geheimnisvoll, das können Sie sich gar nicht vorstellen. Ich glaube, aber das bleibt unter uns!, sie lebt im Moment in New York. Oder in Los Angeles? Kann auch Europa sein. Who knows? Die wandernde Jüdin. Ein Luftmensch, wenn Sie den

Ausdruck kennen? Eine Fahrende, wie ihre Ahnen von der Vaterseite. Die sitzen ihr wirklich im Blut. Immer auf Wanderschaft, nie ein fester Wohnsitz, nie festlegbar, immer unterwegs. Sie recherchiert, soweit ich weiß, für ein Buch über das fahrende Volk, ha!, kein Zufall! Wollen Sie nicht hereinkommen? Sie sehen ja völlig durchfroren aus …!«

Ich saß eine Weile in einem besonders hässlich möblierten, aber wunderbar geheizten Wohnzimmer. Sarah Barber entpuppte sich als Privatphilosophin, hielt mir einen Vortrag über Ahasver in der Literatur. Sie interpretierte die mythische Figur des Ewigen Juden nicht als bedauernswerte oder gar hassenswerte Erscheinung, wie er meist dargestellt werde, sondern als ein durch Leiden Erfahrener, Berufener, Ungeduldiger, auf Erden erschienen, um den Unbekümmerten und Ahnungslosen die Augen zu öffnen.

Jedes Mal, wenn ich dazu ansetzte, Stellung zu beziehen, mich einzubringen, unterbrach sie mich, fuhr unbeirrt fort: »Ahasver ist ein Verstörter. Aber nur der Verstörte wagt zu stören.« Auch dieser Satz ist mir in Erinnerung geblieben: »Wir Juden haben das geistige und künstlerische Erbe unseres begabten, immer aufs Neue unterdrückten Volkes in unseren Köpfen mit uns in die Fremde genommen – oft war es unser einziger wertvoller Besitz …«

Ich verschlief den Rest des Tages, jetlagschwer. (Jetlag ist die Krankheit der Heimatlosen.) Verzerrte Träume kreisten im Hinterkopf, bis mich Sandy nach Einbruch der Dunkelheit aus dem Bett holte: Es war Freitagabend, Schabbatbeginn, er hatte versucht, mich zu wecken, bevor er zum Beten in die Synagoge gegangen war. »Du hast so tief geschlafen, dass ich's aufgeben musste.«

Das junge Paar merkte mir meine Traurigkeit an, während wir viel zu viel aßen. Sie fragten mehrmals, ob ich mich denn wohl fühlte – ich spürte ein kleines Fieber aufsteigen, der Kopf schmerzte. Ich musste mir Fotoalben ihrer Hochzeitsreise ansehen – »Paris! Die architektonisch schönste Stadt Europas, nein, der Welt!«, gluckste Sandy –, trotzdem fühlte ich mich bei meinen Gastgebern gut aufgehoben, heimisch. Zu Gast in einer Welt, mit der ich nichts gemein hatte. Obwohl Sandys Beobachtungen mir nicht uninteressant zu sein schienen, Jahre bevor ich nach Paris gezogen war: »Das Zentrum vermittelt oft den Eindruck, nur noch leeres Spektakel zu sein«, sagte er, und Esther, Architektin auch sie, nickte heftig. »Das war anders, als es das ›Volksparis‹ gab, wie es zur Zeit der Hallen noch existierte. Die aber, wie du vielleicht weißt, aus der Innenstadt vertrieben wurden. Paris ist seither aus sich selbst herausgetreten, hat sich entleert, zersplittert, sein Herz aufgegeben – zugunsten vieler Herzen, die nicht mehr so stark schlagen.« Vom Herzen Aligre natürlich abgesehen!, hätte ich entgegnen sollen, aber das konnte ich damals noch nicht wissen.

Mein Gastgeber schlug vor, wir sollten – trotz der klirrenden Kälte – einen kleinen Abendspaziergang unternehmen. Wir hatten israelischen Weißwein getrunken, ich war ein bisschen tipsy, nicht mehr. Esther blieb beim Kind, Sandy hängte sich bei mir ein, Arm in Arm schritten wir über den knirschenden Schnee. Wir kamen an einer High School vorbei, Korridore und Klassenzimmer hell erleuchtet, im Gebäudeinneren war niemand zu sehen.

Einige hundert Meter weiter zeigte Sandy auf einen langgestreckten Bau: »Schauen wir da hinein, komm, ich glaube, das ist ein Altersheim.« Er zog an meinem Mantelärmel, auf die großen Fenster zuschreitend. War er betrunken?

»Warum sollten wir … das tun …?«

»Ich will sehen, ob es den Alten gut geht in ihrem Zuhause. Will mit ihnen sprechen, schau, es geht ihnen nicht gut, man kümmert sich nicht um sie.«

Durch die Fensterscheibe sahen wir Greise und Greisinnen wie die Bewohner einer Irrenanstalt orientierungslos durch die Gegend tapsen, als suchten sie nach etwas; keiner sprach zum anderen, Verlorene, Verirrte, Gestrandete auf einer Raumstation.

»Wir müssen etwas unternehmen«, meinte Sandy. »Man muss ihnen helfen: Schau, es gibt nicht einmal Krankenpfleger, niemanden, der für die Alten da ist! Alle sind in einen einzigen Raum hineingepfercht. Sie wissen nicht, wo sie sind. Ich muss da hinein, ich muss mit ihnen sprechen. Wie kann Gott so etwas zulassen?« Er klopfte an die Scheibe. Niemand reagierte.

»Sandy – hör auf! Du schaust da hinein wie in einen Affenkäfig …«

Er kam nicht mehr dazu, mir zu antworten. Vier Polizeiwagen umzingelten uns, sie waren ohne Sirenen aufgetaucht, ihre Dachlichter drehten sich erst jetzt, leuchtturmähnlich, tauchten alles rundherum in Rot und Blau. Sechs, dann sieben, schließlich acht Polizisten: Sie stiegen langsam, lässig aus, ein kleiner, dicklicher Beamter sprach als Erster: »Illegal trespassing!«, das widerrechtliche Betreten eines Grundstücks – in den Staaten ein Vergehen, das definitiv nicht als Kavaliersdelikt gilt.

Die Situation erschien mir trotz des großen Polizeiaufgebots zunächst nicht allzu bedrohlich. Zwei Krankenschwestern traten aus dem Gebäude, berieten sich mit den Cops.

Der kleine Dicke bellte: »You're under arrest!«

Das konnte nicht sein Ernst sein! Sandy entschuldigte unsere Nähe zu den Fenstern und Eingangstüren, außerdem sei an diesem Abend Schabbat, wie die Polizisten in einem von so zahlreichen jüdischen Bürgern bevölkerten Städtchen ja sicherlich wüssten.

»So what?«, entgegnete der Cop.

Sandy wurde laut: »Sie wissen genau, wir dürfen am Schabbat nicht in einem Auto mitfahren …«

»I repeat: You're under arrest!«

»Wir gehen zu Fuß zur Station …«, schlug Sandy vor.

Die Polizistenrunde lachte, die Krankenschwestern ebenso. Mich fror, ich schlotterte am ganzen Leib.

»… da müssten Sie uns schon mit Gewalt abführen«, brummte mein Freund. Daraufhin legte ihm der Wortführer der Polizisten augenblicklich Handschellen an und stieß ihn in den Fonds eines Wagens. Wieder das Gelächter der Beamten und Schwestern. Ich bestieg das Auto freiwillig – und ohne Handschellen.

Die Fahrt zur Polizeistation dauerte fünf Minuten. Nach Aufnahme der Namen, Geburtsdaten und Geburtsorte sollten uns die Fingerabdrücke abgenommen werden. »Ganz bestimmt nicht am *Schabbat*!«, protestierte Sandy: »Das wäre ja wie Schreiben, das Schreiben ist eine der am Schabbat verbotenen neununddreißig Tätigkeiten!« Man griff grob nach seiner Hand, tauchte sie in schwarze Tinte. Ich wehrte mich nicht, ließ es geschehen. Unsere Mantel-, Jacken-, Hosentaschen wurden durchsucht, man nahm uns Gürtel und Schnürsenkel ab, Geld trugen wir keins bei uns. Jeder wurde in seine eigene Einzelzelle geführt. In unserer Mitte lag, ebenfalls in einer Einzelzelle, ein halbnackter Schwarzer auf einer Pritsche ausgestreckt, der Lärm weckte ihn.

»Die arme Esther«, hörte ich Sandy flüstern. »Sie wird sicher denken, uns ist etwas zugestoßen …«

Einer der Beamten reichte uns durch die Gitterstäbe unsere Haftbefehle: »Hier: unten unterschreiben!«

»Wir dürfen am Schabbat nicht schreiben, das habe ich Ihnen doch soeben erklärt. Noch immer nicht begriffen, Sie Unmensch?!«, polterte Sandy, als ihm sein Dokument ausgehändigt wurde.

Unser Vergehen lautete »trespassing knowingly«, wissentlicher Hausfriedensbruch; gegen eine Kaution von dreihundert Dollar pro Person konnte man am nächsten Morgen und bis zum Prozesstag auf freien Fuß gesetzt werden. Sollten die Summen nicht innerhalb von vierundzwanzig Stunden bezahlt werden, würde man uns nach zwei Wochen ins County Jail von Toms River verlegen.

»Sie wissen ganz genau, dass wir am Schabbes niemals Geld anrühren!«, empörte sich Sandy.

»Ihr und Geld: Das gehört doch zusammen, oder etwa nicht?«, gab der Polizist zurück.

»Officer, sobald ich auf freiem Fuß bin, strenge ich für diese Bemerkung eine Ehrenbeleidigungsklage gegen Sie an«, entgegnete mein Freund. »Nennen Sie mir Ihren Namen!«

»Gerne: Officer Ogle, Fred Ogle.«

Unser Nachbar, in der Zelle zwischen uns, meldete sich erstmals zu Wort, Aaron, »mit zwei Mal A«, wie er betonte. Er lispelte, ließ uns wissen, wegen »close body contact« eingesperrt zu sein, seine Freundin habe ihn angezeigt. Im Verlauf der vergangenen zehn Monate nun schon zum achten Mal verhaftet, stöhnte er, ohne Hoffnung, das System jemals besiegen zu können: »Die sind viel stärker als du. Du hast keine Chance.«

Erneut tauchte Officer Ogle auf, dieses Mal, um uns wissen zu lassen, wir hätten das Recht, einen Anruf zu tätigen. Da begann mein Freund zu schreien: »No way! Sie wissen ganz genau, dass wir das am Schabbes nicht dürfen, Sie Antisemit!« Das belustigte unseren Zwingherrn, er stand vor meiner Zelle, ich ließ ihn wissen, sehr gerne telefonieren zu wollen.

»Are you *crazy*? It's *Schabbes*!«, brüllte Sandy. »Kommt absolut nicht in Frage!«

Ogle sperrte meine Zelle mit schwerem Schlüsselbund auf. Ich beschwor den Freund, mir seine Telefonnummer zu nennen. Er weigerte sich. Aaron kicherte vor sich hin. Wobei ich mir überlegte, ob es nicht womöglich sogar klüger wäre, Sarah Barber anzurufen. Aber ich hatte ja ihre Nummer nicht, es würde zu schwierig sein, sie ausfindig zu machen. Und außerdem passte ein Gefängnisaufenthalt nicht ins Idealbild von mir, das ich Zoe in Zukunft vorgaukeln wollte.

Endlich gab Sandy nach, nannte mir seinen Anschluss. Aber er sprach viel zu rasch und weigerte sich, die Telefonnummer zu wiederholen. »Esther wird dir sowieso nicht antworten! Und wenn, verlangt sie die Scheidung von mir! Sie hat einen so unmöglichen Mann wie mich nicht verdient. Wie konnte ich ihr das nur antun?!«

Drei Stunden waren vergangen, seitdem wir das Haus verlassen hatten. Überzeugt, Esther werde sofort abheben, zählte ich mit, ließ fünfmal, siebenmal, neunmal läuten, von Officer Ogle aufmerksam beobachtet. Sie antwortete nicht. Kein Wunder: Ich hatte mir die Nummer falsch gemerkt. Elfmal. Nach dem siebzehnten Läuten antwortete eine kleine, ängstliche Stimme.

»Was erwartet Sandy von mir?«, fragte Esther, nachdem ich erzählt hatte, was passiert war.

Ich log: »Dass du uns hier rausholst. Die Kaution beträgt für uns beide zusammen sechshundert Dollar.«

»Aber am *Schabbat* …?!«, stöhnte sie. »Und was mache ich mit dem Baby?« Ogle gab mir ein Zeichen, das Gespräch zu beenden.

Sandy sprach nicht mehr mit mir. Fragte auch nicht, ob Esther das Telefon beantwortet habe. Ich kehrte in meine Zelle zurück. Legte mich – immer noch frierend – auf die Holzpritsche, den Kopf nahe den Gitterstäben, und versuchte zu schlafen.

Ein Zustand nahm nach Minuten überhand, der einem Meditationsbefinden glich und mir nicht unangenehm war, den ich sogar beinahe als wohltuend empfand. Eine Erkenntnis nahm Gestalt an, unumstößlich: Alles musste sich ändern. So, wie bisher, ging es nicht weiter. Die Polizeistation von Lakewood, New Jersey, als Rubikon: Diese Zelle, in der ich lag, der unerbittlichste Gegensatz zu einem Dach über meinem Haupt, zu dem, was eine Heimat, ein Zuhause, eine Zugehörigkeit ausmacht, musste unter allen Umständen Endstation meines bisherigen Lebenswandels sein. Ich würde nach der Freilassung aus dem Bezirksgefängnis nie wieder meinem früheren Ich ähneln, ihm gar entsprechen. Mein gedächtnisloses Umherirren endete hier und heute. Das sichere Ende meiner Dachüberdemkopflosigkeitsgeschichte stand unmittelbar bevor, bewegte sich in dieser Nacht, in dieser Gefängniszelle, erstmals auf ein festes Ufer zu.

Um fünf Uhr morgens rüttelte es an den Gitterstäben, ich war wohl für einen Moment eingeschlafen. Ein mir unbekannter Cop hatte den Morgendienst übernommen, schloss unsere Zellen auf.

»And what about *me*?!«, hörten wir Aaron stöhnen.

Sandy aber fuhr den Polizisten an: »Ich dachte, wir sind Schwerverbrecher? Wieso lassen Sie uns plötzlich laufen?«

Der Beamte führte uns durch schwach beleuchtete Korridore in ein höheres Stockwerk, öffnete dort eine Tür. Da saß Esther mit einem vom Alter gebeugten, sehr traurig wirkenden Rabbiner. Sie hatte nach meinem Anruf das Neugeborene bei Nachbarn untergebracht, die weite Strecke bis zum Haus des Rabbis zu Fuß zurückgelegt und so lange geklopft, bis der alte Mann aufwachte. Rav Sokolowski galt als Lakewoods dienstältester und respektiertester Rabbiner, von dem allgemein bekannt war, er unterhalte gute Beziehungen zum Polizeipräsidenten von Ocean County, dem das Städtchen unterstand. Gemeinsam waren Esther und der alte Mann die zweieinhalb Meilen bis zur Polizeistation gewandert, bei Minusgraden weit unter null.

Danach ging alles sehr rasch. Rav Sokolowski hatte durchgesetzt, dass wir, ohne Bezahlung der Kaution und ohne unsere Haftbefehle zu unterschreiben, auf freien Fuß gesetzt wurden. Das Geld, dafür verbürgte er sich, sollte nach Ende des Schabbats einbezahlt, die Unterschriften würden am Samstagabend, nach Einbruch der Dunkelheit, unter die Dokumente gesetzt werden.

»Die Polizei hat überreagiert«, raunte uns der Rabbiner zu, warf gleichzeitig einen Seitenblick auf den anwesenden Beamten. »Ihr beide habt ja nichts Unsittliches oder gar Kriminelles getan.«

Man händigte uns Schnürsenkel und Gürtel aus. Wir verließen mit der blassen, verängstigten, übernächtigten Esther in unserer Mitte die Polizeistation, zu Fuß, in tiefer Finsternis frierend nach Hause wandernd, meilenweit, während der

Rabbiner in der Polizeistation noch offene Fragen abzuklären hatte. Wir blieben wortlos, alle drei.

Ich war viel zu müde, um meine wiedergewonnene Freiheit genießen zu können. Kaum in der Wohnung angekommen, suchte ich das Gästezimmer auf und verfiel in Tiefschlaf.

Nomaden

Die Aligre-Halle bleibt für die Dauer der Beseitigung der großen Schäden und der Renovierungsarbeiten unter einem Gerüst verborgen, sie darf bis auf weiteres nicht betreten werden. Die Polizei sucht nach wie vor den oder die Schuldigen, verhaftet oder verhört wurde bisher niemand.

Hamza hält mir ein aufgespießtes Stück Mango hin, ich greife zu.

»Also?«, fragt er, zwinkert mit dem Auge, »wie weit bist du mit deinen Zeichnungen? Hast du mit deinem Manga-Buch begonnen? Komme ich darin vor?«

»Ich habe einen Türspalt in das Buch geöffnet … aber es geht nicht nur um den Markt; es kippt manchmal in die Vergangenheit zurück.«

»Warum? Wozu? Ist der Markt nicht Stoff genug für dich?«

»Es gibt immer wieder Splitter der Heimatsuche mittendrin, Elemente aus meiner Kindheit, aus meinem früheren Leben …«

»Heimatsuche? Wird das dann nicht – wie sagt man? – sentimental klingen? Torkelt dein Buch dann nicht zwischen ganz privaten Aufzeichnungen und einem sehr wichtigen Dokument über unseren Markt dauernd hin und her?«

Überraschend, wie clever Hamza die Gefahr einer distanzlosen Haltung gegenüber der eigenen Vergangenheit einzuschätzen vermag.

»Hallo! Hat's dir die Sprache verschlagen? Ich hab dich was gefragt!«

»Die vielen Umwege in meiner Biographie … bevor ich endlich zum marché d'Aligre fand, müssen auch thematisiert werden …«

Er hat viel zu viel zu tun, um mir weiterhin seine ungeteilte Aufmerksamkeit zu schenken. »Erklärst du mir ein andermal, d'accord?«

Ich tauche in das Rufen, das Geschrei der Marktverkäufer ein, an diesem Morgen bin ich ohne den lächerlichen Einkaufswagen im Schlepptau unterwegs. Der Klang der Stimmen in der Früh, beim Überqueren der rue d'Aligre: Man fühlt sich ins Mittelalter zurückversetzt. Oder noch weiter zurück, in die Zeit der Agora. Ich spüre etwas Altes, längst Vergangenes, immer schon Vorhandenes. Das sichere Gefühl, mehrmals auf der Welt gewesen zu sein, begleitet wie so oft meine Schritte. Der Wirrwarr an Geräuschen, Gerüchen, an Waren und Händlern, an Kunden und zufälligen Passanten, alles erinnert an ein früheres Dasein. Ein invalider Bettler schiebt sich durch den Markt, die Beine erschreckend verrenkt, er taucht alle zwei, drei Wochen hier auf. Rutscht auf seinem Hintern langsam, mit äußerster Mühe, Zentimeter für Zentimeter, die Straße entlang, einen Münzennapf aus grünem Plastik vor sich herschiebend. Ich werfe ein Eurostück hinein, er dankt mit zitterndem Singsang.

Habib, der tunesische Gemüse- und Obsthändler, winkt mich zu sich. Und lacht mich aus: »Du fällst aber auch auf jeden rein! Achmad geht es blendend. Gerade vorgestern sah ich ihn in einem kleinen Friseurladen in meinem Viertel.«

»… das kann nicht er gewesen sein!«

»Er war es, er ist es, er wird es sein. Er steht, er geht, er sitzt, wie du und ich. Achmad ist ein sehr geschickter Betrüger. Wie die meisten Tunesier, von mir natürlich abgesehen. Und viele, du bist nicht der Einzige, fallen auf ihn herein …!«

Der gelbbärtige Monsieur Jean kreuzt meinen Weg, ich begegne ihm seit Jahrzehnten, er grüßt nur den, der ihn grüßt, erkennt niemanden wieder, leidet an Prosopagnosie, an Gesichtsblindheit. Er wohnt in einem kleinen Zimmer neben dem Markt, in der rue de Charenton. Er trägt zu jeder Jahreszeit einen dicken abgeschabten knöchellangen Pelzmantel und eine Pelzmütze, ich schätze sein Alter auf Ende siebzig, Anfang achtzig. Aus dem Mundwinkel hängt ihm immer ein erloschener angebrochener Zigarillo. Er hat kaum Zähne im Mund. Er hat jeweils eine Vase oder ein sensationell hässliches Gemälde, einen ausrangierten Toaster oder mehrere Haarbürsten bei sich, die er zu verkaufen versucht.

»Ich habe nichts zu tun«, sagt Monsier Jean heute Morgen. »Ich habe keinen Groschen Geld. Wenn man kein Geld hat, kann man nichts tun.«

Ich hole das restliche Kleingeld aus der hinteren Hosentasche, zwei Euro sechzig. Er nimmt es mit Dank entgegen, weist darauf hin, er habe eine Menge Porzellangeschirr zu verkaufen, ob ich Interesse hätte? Ich verneine. Er fragt: »Besitzen Sie ein Auto?«

»Nein. Warum?«

»Weil …. ich muss eine Statue verkaufen, aber der Abnehmer wohnt ziemlich weit weg.«

»Wo wohnt er denn, wenn ich fragen darf –, obwohl ich kein Auto habe.«

»Das weiß ich nicht. Ich kenne seine Adresse nicht …«, bedauert er, zieht mit kleinen, müden Schritten weiter.

Eine chinesische Reisegruppe durchquert den Markt im Pulk, ausschließlich junge feiste Kerle. Im raschen Vorbeischreiten, mit ihren Telefonen pistolenähnlich auf die Stände zielend, fotografieren sie jedes Gemüse, jede Frucht, ob Endivien oder grüne Bohnen, Orangen, Äpfel oder Trauben. Alles, absolut alles wird abgelichtet. Sie haben offenbar keine der hier angebotenen Obst- und Gemüsesorten je zuvor gesehen. Wäre ich auf einem Markt in Chinas Provinzen unterwegs, käme mir das Angebot dort womöglich vergleichbar fremd vor. Safous, aus dem Kongo importiert, von einer nur selten hier auftauchenden kamerunesischen Marktfrau angeboten, kannte auch ich bis vor wenigen Monaten nicht. Sie sehen ein wenig wie Auberginen aus mit ihrer violetten Haut – das fette Fruchtfleisch ist grünlich, wie jenes der Avocado und lässt sich gekocht, gebraten oder roh essen.

Drei der chinesischen Männer zeigen breit lachend auf einen Haufen kleiner, roter Beeren, richten ihre Smartphones allerdings nicht darauf: Jujube, auch chinesische Datteln genannt, sind ihnen keineswegs unbekannt. Sie liegen bei dem jovialen Ägypter Abdel aus, der unmittelbar vor Madeleines Café seinen überbordenden Stand hat. Er verscheucht eine fette Taube, die in seiner reichen Nüsseauswahl badet, ich werde Erd-, Wal-, Pekannüsse, meine Cashewkerne hier nie wieder kaufen wollen.

»Wann nimmst du mich, wie du es mir längst versprochen hast, zum Großmarkt mit? Falls dein Angebot noch gilt«, frage ich.

»Natürlich gilt es. Wann du willst. Morgen früh? Sehr früh. Treffpunkt hier, vier Uhr morgens. Schaffst du das?«

»Ich werde da sein.«

Eine Familie kauft bei Abdel Zitronen, mehrere Kilo, die unidentifizierbare Sprache, in der sie sich unterhalten, Mutter, Vater, die pubertierende Tochter, erinnert mich an die Phantasiesprache, in der ich mich in der Kindheit zuweilen zum Spaß mit meinem Vater unterhielt, in Bussen, Zügen, beim Warten in der Kinoschlange. Man drehte sich nach uns um, rätselte, woher wir, ewige Fremde, wohl stammten. Wir verstanden nicht, was der andere sagte, kein Wort, unterhielten uns aber mitunter zehn Minuten lang in dieser Kauderwelscherfindung. Bis es dem einen oder dem anderen zu viel wurde, der sagte dann: »Pausirapo«, was so viel hieß wie: Jetzt machen wir eine Pause.

Touristen, die den Aligre besuchen, kleine und größere Gruppen Amerikaner und Deutsche, Japaner, Australier und Engländer, die hier zuweilen auftauchen, manchmal in Begleitung eines Führers, einer Führerin, die ihnen mit lauter Intonation die Vorzüge und Besonderheiten der französischen Landwirtschaft, der Fischereien und Fleischhauereien, der Käsefabrikation und des Weinhandels nahebringen, empfinde ich jedes Mal als kaum erträgliche Eindringlinge. Als sei der Markt mein Eigentum, mein Garten, den ich mit höchster Abwehrbereitschaft zu beschützen habe. Ich müsste das Vorrecht besitzen, bilde ich mir ein, zu entscheiden, wer mein Territorium betreten darf und wer nicht. Vor allem die junge, kleinwüchsige, besonders unansehnliche Amerikanerin mit ihrer laut schnarrenden Stimme nicht, die jedes Wochenende hier auftaucht, umringt von einer zehn- bis zu zwanzigköpfigen Runde milde interessierter Traveller. Sie hat ausgerechnet mein Café Aouba zum Ausgangspunkt ihrer Rundgänge auserkoren, verstellt mir mit ihrer Gruppe – »This is so *Parisian!*«, »Look how *cute!*« »Can you believe this *beauty* …?!« – nicht selten den Zugang zu Madeleines Tresen. Nie sah man in früheren Jahren *Guided Tours* am Aligre, weder in der Halle noch draußen, sei es auf dem Platz oder im Gassengeflecht. Es gibt sie erst seit einigen Jahren – sie werden im Internet unter der Rubrik *Urban Adventures* angepriesen: »Experience the bustling vibe of a busy French market as you become a Parisian for a day …« Für 64 Euro pro Person ist man dabei.

Madeleine ruft mich zu sich, sie hat ein bisschen Zeit zur Verfügung. Es ist früher als sonst, noch vor den Vorstößen der Amerikanerin und ihrer Begleiterschar.

»Warst du wieder auf Reisen? How *are* you?«, will Madeleine wissen.

»Es geht. So halbwegs. Danke.«

»Du musst immer antworten: Es geht bestens«, ermahnt sie mich. »Sonst entsteht negative Energie. Das müsstest du doch wissen? Giacomo hält sich daran, seitdem er mit mir zusammen ist. Es hat ihm enorm gutgetan.« Sie dreht mir den Rücken zu, bereitet mir einen Espresso. Ihr Polkadot-Kleid ist hinten weit ausgeschnitten, das breite, hässlichweiße Band des Büstenhalters deutlich zu sehen. Das irritiert mich ungemein. Wüsste sie, was ich meine, wenn ich zu ihr sagte: Sei meine Muse! Madeleine könnte meine Muse sein. Ich wünschte, sie wäre es. Sie dreht sich zu mir um. »Voilà. Heute kommt dein Kaffee aus Uganda.« Jedes Mal vergisst sie, dass ich keinen Zucker in den Kaffee nehme, legt den verpackten weißen Doppelwürfel und den Löffel auf die Untertasse. Jedes Mal sage ich: »Sans sucre«; es hilft nichts, sie merkt es sich nicht. Zu viele Verehrer buhlen um ihre Gunst. Manchmal kommt es mir so vor, als stünden sowohl Männer als auch Frauen vor dem Kaffeeausschank, nur um Madeleine begrüßen, küssen, umarmen zu dürfen. Kann sie ihre Verehrer und Verehrerinnen noch auseinanderhalten?

»Kennst du den Film ›Zelig‹?«, will sie wissen, ihre Frage wundert mich. »So kommst du mir nämlich manchmal vor: Was wolltest du eigentlich nicht werden, im Leben, du kannst doch nicht fast Rabbiner, dann Architekt, dann Ichweißnichtwasnochalles gewesen und jetzt Schriftsteller sein? Da stimmt doch etwas nicht. Wer bist du wirklich?«

Wie viel sie doch über mich zu wissen scheint, vom Zuckerdetail abgesehen. Ich wehre mich nicht. »Ganz unrecht hast du … nicht«, mehr bringe ich an diesem Morgen nicht hervor, bezahle den Kaffee.

Sie schiebt die Münzen zurück: »Du bist mein Gast.«

Kaum bin ich fort, umarmt und küsst sie einen kahlköpfigen Mann, den ich verachte; ein junger Türke, der ein Jahr zuvor ein großes Käsegeschäft entlang der Straße, beinahe nebenan, übernommen hat. Oft steht er halbe Stunden lang am Tresen und hält Madeleine mit seinem Blick fest. Sie lässt es – zu meinem äußersten Unmut – geschehen. Er schildert seine jüngste Reise nach Patagonien, das höre ich noch, aus einigen Metern Entfernung.

Im Laden ihres Schwagers Leron, direkt nebenan, an der Ecke rue d'Aligre und rue Crozatier, mit der Endlosauswahl an Oliven in allen Größen, in den unterschiedlichsten Farb- und Geschmacksnuancen, betritt man eine Insel unbegrenzter Möglichkeiten. ›Sabah‹ ist ein bemerkenswerter Ort, der mediterrane und nordafrikanische Lebensmittel anbietet: Jede erdenkliche Nussart, aber auch Hummus, Techinah, getrocknete Früchte, Feta, Ziegenkäse und algerische, tunesische, marokkanische Olivenöle, iranische Datteln, eine unglaubliche Vielfalt an Produkten gibt es hier. Und die größte mir bekannte Auswahl an Gewürzen, Hunderte Päckchen, alphabetisch geordnet, von *Ail*, Knoblauchflocken, bis *Zaatar*, einer marokkanischen Aromamischung.

Thalia steht vor mir, an der Kasse, ich habe sie lange nicht gesehen. Sie entstammt der griechischen Minderheit in Albanien, wuchs im Grenzgebiet zu Griechenland, unter dem Diktator Enver Hoxha, auf. Sie erinnert mich an die schrill überdrehten Protagonistinnen aus Pedro-Almodóvar-Filmen. Vor Jahren führte sie das Geschäft für griechische Spezialitäten auf der gegenüberliegenden Straßenseite. Nachdem sie schließen musste, da die Miete auf das Dreifache gestiegen war, gründete Thalia in ihrem Schlafzimmer, so erzählt man sich am Markt, eine Praxis für Lebensberatung und Wahrsagerei. Ich lege meine Hand auf ihre Schulter, Thalia dreht sich um; sie fällt mir um den Hals.

»Wo warst du in den letzten Wochen, ich wollte dir längst etwas zeigen«, raunt sie mir zu, zieht mich auf die Straße, sie wohnt ein paar Häuser weiter. Ich soll sie in ihre Wohnung begleiten. Ich war noch nie bei ihr, zögere einen Augenblick, sie bemerkt es: »Gut. Dann eben nicht …«

»Doch, doch: Ich komme gerne.«

»Ich will ja nichts von dir. Du wirst es nicht bereuen.«

Wir steigen schiefe Holztreppen in das dritte Stockwerk hinauf, ein Haus aus dem Mittelalter, wie so viele hier, rund um den Markt. Drei Schlüssel öffnen die schwere, mit Metallschienen verstärkte Wohnungstür. Thalia führt mich in einen sehr kleinen, etwas chaotischen Salon, der auf den ersten Blick einem Erfinderparadies ähnelt. Seltsame Apparaturen liegen neben Bücherstapeln, unterschiedlichsten

Materialien, Kabeln, Schrauben, Kopfhörern, alten elektrischen Schreibmaschinen. Längst ausgediente Computermodelle sind an kleine und größere Bildschirme angeschlossen. An den Wänden hängen Muttergottesikonen, goldverziert, wie in griechisch-orthodoxen Kirchen.

Thalia genießt mein Erstaunen. Sie drückt mir einen Kuss auf die Schläfe. »Ich arbeite an einer Erfindung: Erinnerungen und Gedanken eines Tages auf Leinwände zu projizieren. Das muss doch gelingen können?«

Sie scheint nicht ganz bei Trost zu sein. Wie soll man darauf reagieren? Ich beschließe mitzuspielen: »Seit wann bist du eine Erfinderin?«

»Seit meiner Kindheit.«

»Wie … stellst du dir das vor? Wie soll das funktionieren?«

»Unsere Gehirne sind ein Universum, das wir nicht bereisen. Bisher nicht.«

»Gehirnströmungen …?«

»Komm. Setz dich, hier, in diesen Fauteuil!«, befiehlt sie, streift mir auch schon ein silbrig glänzendes, metallen-kaltes Etwas über die linke Hand. Eine Art Handschuh, gewoben aus allerdünnsten Drähten, mit Hilfe eines langen Kabels an einen der Monitore angeschlossen. Umrisse einer Alpenlandschaft flackern auf, ähnlich einem Ort, an den ich an diesem Morgen, beim Aufwachen, gedacht habe. Nichts ist deutlich zu erkennen. Steile Wiesen? Enziane? Bergkuppen? Graubünden? Das sieht dem Screensaver-Bild ähnlich, das ich am Vorabend eingerichtet habe: das Dorf Tarasp, in dem meine erste, fragmentarisch gebliebene Kurzgeschichte spielt.

»Du fühlst dich eher dort oder eher hier zu Hause?«, fragt Thalia.

»Unbedingt hier … aber wie kann das sein? Dass du …«

»Das bist du, nicht ich. Deine Gedanken, nicht meine. Du denkst immer mit Sehnsucht an den Ort, an dem du nicht bist. Und glaubst, der Ort, an dem du nicht bist, sei der bessere Ort.«

»Das stimmt nicht.« Das Bild auf dem Monitor verblasst, verschwindet; ich habe mir das alles nur eingebildet. »Aligre ist der bessere … Aligre ist der beste Ort«, sage ich mit lauter Stimme, lauter als mir lieb ist. »Ich fühle mich mit diesem Markt verbunden wie mit keinem anderen Punkt auf der Welt. Untrennbar verbunden. Wie ein Landesfürst mit seinen Gütern …«

»Klingt hochtrabend …«

»Es ist die Wahrheit, du kannst es mir glauben.«

»Fühlst du dich hier so sehr zu Hause, weil alle, denen du auf dem Markt begegnest, die Händler, die Kunden, deine Freunde …, weil sie fast alle Fremde sind, genau wie du ein Fremder bist? So wie ich eine Fremde bin? Wir sind Fremde in diesem Land. Nomaden. Obwohl du so gerne, so besonders gerne ein Einheimischer sein möchtest. Du beneidest heimlich, kommt mir vor, die, die eine sichere Heimat haben. Aber du bist und bleibst der Ewige Migrant. Gestehe dir schonungslos ein: Ich bin heimatlos. Und sei stolz darauf! Wo sind wir? Immer in der Fremde, die nichtsdestoweniger die unsere ist. Viele von uns sind als Flüchtlinge nach Frankreich gekommen. Und schafften es nur unter größter Mühe, zunächst, aber dann doch, nach und nach, hier ihr sogenanntes Zuhause zu finden. Wie du! Wie ich! Dein Unmut, vorhin, gegenüber der Reisegruppe aus China, du hast sie sogar als Eindringlinge empfunden, war nicht gerechtfertigt, finde ich.«

»Da warst du doch nicht dabei. Woher willst du das wissen?« Ich ziehe den geschmeidigen Drahthandschuh ab, will fort aus diesen dunklen Räumen; es ist wie im Traum, wenn man alles daransetzt, das Aufwachen zu forcieren.

»Du solltest ein bisschen großzügiger gegenüber den Fremden sein, die deinen Garten besuchen«, Thalia spricht mit geschlossenen Augen, bemerkt mein vorsichtiges Aufstehen nicht.

»Kennst du das Bibelzitat?«, flüstert sie. »Der Fremde soll bei Euch wohnen wie ein Einheimischer und du sollst ihn lieben wie dich selbst. Denn Ihr seid auch Fremdlinge gewesen in Ägypten. Ich bin der Herr, Euer Gott …«

Im finsteren Vestibül schnappe ich mir meine Einkaufstüten, verlasse die Wohnung auf Zehenspitzen, fluchtartig, mit einem unsicheren Gemurmel, das den Worten »merci« und »au revoir« ähnelt.

Ramadan

Abdel wartet an der Ecke rue d'Aligre und rue Crozatier – er staunt, so scheint mir, dass ich wirklich gekommen bin. Der Ägypter sitzt am Steuer seines altgedienten LKWs, eines ausrangierten Zirkuswagens. Verblassende rote Blockbuchstaben prangen über der Kühlerhaube: Cirque Reynier. Ich klettere in die Kabine, er reicht mir die Hand. Er hat kurzes, grauweiß meliertes Haar und stets lachende Gesichtszüge.

Es riecht nach Benzin oder Spiritus im Wagen. Er startet den Motor, der stottert und kracht, bis er endlich anspringt. Aus einem kleinen Transistorradio strömt leise arabische Musik. Es ist kurz nach vier. Der Markt ist leer, kein Stand wird vor sieben Uhr morgens aufgebaut. Abdel öffnet die Fenster, ich atme die süßmilde Luft des frühen Junimorgens ein.

Vor ein paar Tagen hat der Fastenmonat Ramadan begonnen, achtundzwanzig Tage, in denen Muslime jener »Nacht der Bestimmung« gedenken, in welcher der Koran offenbart oder »herabgesandt« wurde. Abdel, etwa gleich alt wie ich, hält sich streng an das Gesetz. Seit Mitte der Nacht hat er nichts gegessen, nichts getrunken. Er wird bis zur Abenddämmerung durchhalten, bevor er wieder etwas zu sich nimmt.

»Ischak heißt der Moment, in dem das Fasten beginnt«, sagt er, »kurz vor dem sub us sahdik, dem ersten Schimmer der Morgendämmerung.«

Am Rande der Stadt, bevor wir die Tangente zur Péripherique erreichen, der vielspurigen Ringautobahn, bleibt Abdel in einer schmalen Seitengasse stehen, dort steigt Djamal zu, sein Mitarbeiter, ein sehr junger Mann aus Marokko mit dünnem Backenbart und Irokesenschnitt, der niemals lächelt und kaum je ein Wort verliert. Das liegt mit Sicherheit nicht nur daran, dass die Helfer auf dem Markt ausnahmslos »schwarz«, mithin ohne jegliche Arbeitspapiere und in den meisten Fällen auch ohne offizielle Aufenthaltsgenehmigungen, angeheuert werden, wie Matrosen auf einem Schiff, und sich mit einem Stundenlohn von fünf Euro abfinden müssen. Wer sechs Euro erhält, gilt schon als überdurchschnittlich gut bezahlt. Müde, düster starrt Djamal vor sich hin, sobald er neben mir hockt, ich sitze eingeklemmt zwischen den beiden Männern.

Fahles Licht zeichnet sich am Grauhimmel ab. Abdel fädelt den Lastwagen auf die Autobahn Richtung Süden ein, die A6, die nach Lyon führt. Ich blicke auf die baulichen Veränderungen, die in den letzten Jahrzehnten rund um die Metropole entstanden sind; wo früher Brachland lag, links und rechts, bestimmen heute Hochhaussiedlungen, Shoppingcenter, Bürotürme das Bild. Die Hässlichkeit der Fassaden tut weh, wie froh ich bin, mich für diese Missetaten nicht mitverantwortlich fühlen zu müssen – alles glatt, sauber, schlank, kälteste Beliebigkeit ausstrahlend.

Abdel holt meine Aufmerksamkeit in das Wageninnere zurück: »Als ich am Aligre angefangen habe«, sagt er, »vor bald vierzig Jahren, kannten die allerwenigsten Franzosen Früchte aus Übersee. Ich war einer der Ersten, der Kiwis, Mangos, Granatäpfel und frische Datteln verkaufte, heute macht das fast jeder auf dem Markt. Allerdings: Damals kannte man in Ägypten auch kaum Äpfel oder gar Kirschen!«

Nach einer Stille meine Frage: »Fällt euch das Fasten … sehr schwer?«

Djamal brummt Unverständliches.

»Der Kaffee! Der fehlt mir. Sehr sogar. Das muss ich zugeben«, bekennt Abdel. »Aber es gibt nichts Gesünderes als das Fasten. Nichts reinigt unseren Körper besser: eine tiefe Heilung, die das jährliche lange Fasten uns schenkt. Es schließt alle inneren Narben.«

»Im Judentum gibt es einen gesetzlichen Fastentag – und schon der ist besonders schwer durchzuhalten«, werfe ich ein. »Achtundzwanzig Tage Jom Kippur, das wäre mir sicher zu viel.«

»*Du* bist Jude? Das wusste ich nicht …« Abdel lächelt, Djamal hingegen rutscht spürbar ein paar Zentimeter von mir fort, zur rechten Tür hin. (War das wirklich nötig, den Jom Kippur in unser Gespräch einfließen zu lassen? Musste das sein? Was habe ich davon?)

Nach fünfzehn Minuten Fahrt, kurz vor Erreichen des Flughafens Orly, spaltet sich die ›Autoroute du Soleil‹, die Sonnen-Autobahn, wie die A6 genannt wird; Abdel folgt jener Abzweigung, die in das Herz des Großmarkts Rungis führt. Eine Stadt für sich, größer als Monaco, in die in sechs Nächten der Woche Fernlasterarmeen aus ganz Europa strömen – aus Portugal, Deutschland oder Skandinavien, aus Italien und den Beneluxländern, aus Spanien, der Schweiz, Österreich und Griechenland, Rungis ist der größte Markt für landwirtschaftliche Produkte weltweit. In flugzeughangargroßen Hallen herrscht zwischen drei und sieben Uhr morgens Höchstbetrieb: kalte, hässliche Flachbauten, in denen Myriaden Gemüse-, Obst-, Fleisch-, Fisch-, Käsesorten gehandelt werden.

Welch ein Privileg, an einem Ort zu leben, an dem Lebensmittel in dieser Fülle jederzeit zu haben sind! In einer Welt, in der jeden Tag 820 Millionen Menschen Hunger leiden. In drei Jahrzehnten werden zehn Milliarden Menschen den Planeten bewohnen, bei stetig zunehmender Nahrungsknappheit dürfte die wachsende Nachfrage nach Essbarem die Menschheit wie kaum eine andere Gefahr umtreiben: Sie führt bereits heute zu Rodungen, Kahlschlägen, Abholzungen, wodurch wiederum unzählige Biotope zerstört und zahllose Arten dem Aussterben preisgegeben werden.

»Wo bist du? Hörst du mir zu?«, fragt Abdel, er spielt den Fremdenführer, zeigt auf die überdimensionalen lang gestreckten Käse-, Fleisch- und Fischhallen, während er den Zirkuswagen an der Schmalseite der Halle für frische Schnittblumen parkt. »Du hast mir nicht zugehört, ich sagte: zweihundertzweiunddreißig Fußballfelder würden in das Riesenareal Rungis hineinpassen.« Er schaltet den Motor ab, der Wagen stöhnt, zittert. Wir steigen aus. Djamal hebt zwei schwere, verrostete Lastkarren aus dem Ladebereich. Wir bewegen uns auf einen riesigen Pavillon zu.

Jene hohen, gusseisernen, majestätischen Hallen, die in der Stadtmitte den Bauch von Paris bildeten, wurden ab Mitte der 1960er Jahre abgerissen, der Umzug nach Rungis galt als »déménagement du siècle«, als Übersiedlung des Jahrhunderts. Aller Charme der einstigen Hallen mit ihrem chaotischen, lauten Leben ist verloren gegangen, die verrauchten Bars und Restaurants, die verruchten Bordelle sind einer gänzlich unpersönlichen Marktordnung gewichen.

Feuchte Kühle umgibt mich in der unübersichtlichen Obsthalle. So weit das Auge reicht: Tausende Steigen aus Holz,

Pappe und Kunststoff, meterhoch gestapelt, mit immergleicher Ware. Man weicht Gabelstaplern aus, Händler rufen einander Preise, Sonderangebote, Vorwürfe, Lobesworte zu. Und keiner gähnt so früh am Morgen, wie kann das sein?

»Später am Tag … fangen wir alle zu gähnen an, keine Sorge.« Abdel bewegt sich hier wie eine Forelle im Bachwirbel, rasch und sicher, er weiß, zu welchen Händlern er gehen muss, wo es die aus seiner Sicht besten Erdbeeren, Kirschen, Melonen, Grapefruits und all die anderen Obstsorten gibt, die er ab acht Uhr morgens am Aligre feilbieten wird.

»Du musst mir helfen«, raunt er mir zu. »Vier meiner üblichen Händler haben heute Gariguette-Erdbeeren im Sortiment – und zwar ungefähr zum selben Großhandelspreis. Normalerweise koste ich jede Frucht, bevor ich einkaufe. Aber wegen Ramadan darf ich die Ware ja nicht wie üblich probieren. Djamal natürlich auch nicht. Würdest du das für uns machen?«

Er führt mich von einem Großhändler zum nächsten, bei jedem koste ich drei, vier Erdbeeren, ungewaschen, obwohl mir in meiner Kindheit eingetrichtert wurde, niemals ungewaschenes Obst zu verzehren! Mit schlechtem Gewissen genieße ich die Früchte, ihr edles wiesenblumenblütenähnliches Parfüm, ihren süßsäuerlichen Geschmack. Und kann mich zu keinem Urteil durchringen, wer die beste Ware hat.

»Nun?« Abdel wird ungeduldig: »Wem kaufe ich dreißig, vierzig Steigen ab? Entscheide dich!«

Ich zeige auf einen Grossisten, der mir einen Augenblick zuvor zugelächelt hat – ein Zufallsentschluss. Nach Bezahlung der Erdbeeren, die erst infolge eines länger andauernden basarähnlichen Feilschens erfolgt, führt mich Abdel zu den Aprikosenhändlern, wo sich das Spiel wiederholt. Bei sechs verschiedenen Großhändlern verzehre ich jeweils ein, zwei Früchte. Und fälle mein Urteil dieses Mal, ohne zu zögern: Monsieur Lharmeroult verkauft bei weitem die beste Ware, so weich, so süß, so frisch. Abdel diskutiert mit ihm den Preis für dreimal zwölf Steigen, der Händler verlangt einen Euro dreißig Cents für das Kilo, Abdel bietet einen Euro fünf Cents. Sie einigen sich – nach längeren Verhandlungen – auf einen Euro und zwanzig Cents.

Djamal karrt unterdessen Wassermelonen, große herzförmige Kirschen, Zitronen, Pfirsiche nach draußen, bringt sie im Zirkuswagen unter. Abdel hat die Auswahl dieser Früchte ohne meine Mithilfe getroffen, er sah ihnen an, ob sie seinen Erwartungen entsprachen oder nicht.

»Bist du sicher, Abdel, sind die Kirschen wirklich die besten?«, frage ich scheinheilig, habe Lust, sie zu kosten. »Bin ganz sicher, aber nimm dir«, gibt er zurück. Ich greife mir eine Handvoll, genieße ihr Knacken, ihre Süße, die feste Struktur ihres saftigen Fruchtfleischs.

Unsere Arbeit ist getan. Abdel schlägt vor, eins der zahlreichen Cafés innerhalb der Rungis-Hallen aufzusuchen. In seiner Gegenwart einen Kaffee zu trinken und ein Croissant zu genießen käme mir frivol vor. Ich lehne ab. Die Früchte für ihn zu goutieren war etwas anderes, war Teil seiner Arbeit, bei der ich ihm hilfreich zur Seite stehen wollte.

Eine Durchfallattacke kündigt sich mit Vehemenz an. Finde unter der Hangarhalle zu weitläufigen Aborträumen für Männer und Frauen, sie sind verkommen, verschmutzt, vernachlässigt. Verbogene, grünstichig korrodierte Rohre und Leitungen. Ein Horrorort, menschenleer. Wohin habe ich mich verirrt? Eine Hinrichtungskammer für politisch Verfolgte? Es gibt kein Papier, nirgendwo, ich wasche mich mit dem Wasser aus einer gelbschwarzbraunen, völlig verdreckten Toilettenmuschel, wische mir die Hände an meinen Jeans ab.

»Wo warst du so lange?«, will Abdel wissen, als ich zurückkehre, er klingt beinahe vorwurfsvoll. Ich bleibe ihm die Antwort schuldig.

Sonnenstrahlen brechen durch den morgendlichen Hochnebel. Wir sitzen im Zirkuswagen, kehren nach Paris zurück. Dieses Mal hockt Djamal in der Mitte, ich rutsche an den rechten Rand.

Flöten-, Lauten-, Trommelklänge aus dem Transistorradio, beruhigend, beunruhigend. Ich schließe die Augen, nicke ein, sekunden-, minutenlang. Erst im Stau nahe der Stadtgrenze durchbricht Abdel die Stille, zeigt neben uns auf einen Reisebus aus der Provinz. Eine Frau sitzt am Steuer. Er bemerkt, zu Djamal gewandt: »Unerträglich: Frauen, die arbeiten ...!«

Djamal nickt.

»Was macht denn deine Frau?«, will ich wissen.

»Sie bleibt natürlich zu Hause.«

»Sie verlässt das Haus nicht?«

»Sie darf aus der Wohnung nicht raus! Außer, um einkaufen zu gehen. Ich kann Frauen, die arbeiten, nicht ausstehen. Nur eine Frau, die zu Hause bleibt, ist eine richtige Frau. Entsetzlich: ein Weib, das nicht Hausfrau ist. Schrecklich. Schrecklich!« Er schüttelt sich, seine Schultern zappeln, als steige er bei winterlichen Temperaturen splitternackt aus eiskaltem Wasser.

Unsere Lebensentwürfe sind so weit voneinander entfernt, so unversöhnlich, dass jeder Ansatz zu einer Kritik zum Scheitern verurteilt wäre und auf Abdels und Djamals vollkommenes Unverständnis stieße.

Jetzt begreife ich, warum Hamzas Mutter niemals am Markt auftaucht, auch sie darf sehr wahrscheinlich nur äußerst selten ihre Wohnung verlassen. Steckt ausschließlich zu Hause, wartet auf den Mann des Hauses und auf Hamza und seine Brüder, bis sie abends heimkehren.

Fast alle arabischen Aligre-Händler sind Männer, und ihre Frauen sind am Markt nie zu sehen. Sie alle sind – ich wage die Behauptung – in Wahrheit Frauenverächter. All jene, denen ich jahraus, jahrein nahezu meine gesamten Lebensmittel abkaufe, haben Frauen wie Abdel, die in ihren Wohnungen hocken und tagaus, tagein auf die Rückkehr ihrer Ehemänner warten.

Ich helfe beim Aufbau von Abdels Aligre-Stand. Zehn alte, lange, brüchige Bretter kommen aus dem Lastwagen zum Vorschein, darüber werden dunkelgrün-großflächige, speckige Plastikplanen ausgebreitet, und sobald das Holzgerüst steht, legen wir einen ersten Teil der in Rungis gekauften Ware aus. Erdbeeren und Aprikosen positioniere ich mit besonderem Augenmerk – in den vordersten Reihen rechts. Sie kosten jetzt pro Kilo das Dreifache von dem, was Abdel in Rungis für sie ausgegeben hat.

Bis halb zwei Uhr mittags werden Abdel und Djamal hier stehen und die große Früchteauswahl lauthals anpreisen, sie zum Kosten anbieten, sie erfolgreich verkaufen, Preise ausrufen, Geld einnehmen.

Am Nachmittag, nach Abbau des Standes, wird Abdel zunächst seinen Angestellten nach Hause bringen und dann zu sich nach Clichy-sous-Bois fahren, einer Satellitenstadt im Nordosten der Metropole, wo seine Ehefrau auf ihn wartet. Drei seiner fünf Kinder wohnen noch bei den Eltern, sie finden keine Arbeit, können sich keine eigene Miete leisten. Er wird sich schlafen legen, bis in die frühen Abendstunden, um mit der Familie – bei Einbruch der Dunkelheit – endlich die von seiner Ehefrau zubereitete Ramadan-Mahlzeit zu sich zu nehmen, bevor er am nächsten Morgen wieder zu fasten beginnt.

Es ist halb acht Uhr morgens, als ich meine Wohnung betrete, die Jeans in die Waschmaschine werfe und in der Dusche verschwinde. Reinige meinen Körper an diesem Morgen gründlicher denn je in meinem Leben, so kommt es mir vor. Schlüpfe ins Bett. Das erinnert mich daran, wie ich mich manchmal noch eine Stunde hinlegte, in der Früh, nachdem ich Dylan mit dem alten Saab, den ich längst nicht mehr besitze, zur Schule chauffiert habe, bis sie zehn, elf Jahre alt war; bevor wir beschlossen, sie könne ruhig allein mit dem Bus fahren.

Der zweitürige weiße Saab, Modell 900*i*, das angenehmste Auto, das ich je besessen habe, war ein Geschenk Hélène von Habersteins.

Hélène

Nach unserem erzwungenen Auszug aus der Villa auf der Hohen Warte waren wir mit Hélène seltsamerweise eine Zeitlang befreundet geblieben. Das halbe Kind empfing Mutter und mich eines Nachmittags im ehemaligen Schlafzimmer meiner Eltern. Sie lag da wie aufgebahrt im Ehebett, in einem durchsichtigen Nachthemd. Der Bauch wölbte sich walfischrückenähnlich. Ich hatte noch nie zuvor eine hochschwangere Frau bewusst wahrgenommen. Sie forderte mich auf, zunächst die flache Hand und dann mein Ohr auf ihren Riesenleib zu legen. Ich blieb auf der Wölbung ausgestreckt, drei, vier Minuten lang, mein Haar kitzelte ihren Busen, durch das Négligé hindurch. Die Zuckungen des Embryos waren deutlich zu spüren. Was für ein erstaunliches Erlebnis für einen Neunjährigen.

»Es ist eine Tochter, j'en suis sûre«, flüsterte sie.

Ich verstand an jenem Nachmittag zwar noch nicht, wie Kinder gemacht wurden, begriff aber, dass sie nicht aus den Wolken fielen, vielmehr von Frauenkörpern auf die Welt gebracht wurden.

Fünfundzwanzig Jahre waren seit jenem Nachmittag vergangen. Ich lebte seit einer Weile wieder in Wien. Der in Lakewood gefasste Entschluss, meine Dachüberdemkopflosigkeitsgeschichte kompromisslos zu beenden, war bisher nicht in die Wirklichkeit umgesetzt worden, mit Zoe in Kontakt zu treten, noch immer nicht gelungen. Trank zu viel. Mitunter viel zu viel. Mir kam es so vor, als würde ich zunehmend verkommen. Meine kleinen Untermietzimmer sahen wie nach einem Erdbeben aus, der Bungalowwohnung in Los Angeles nicht unähnlich. Ich schrieb hier meine ersten Kurzgeschichten und hatte Erfolg mit ihnen. Charles Bukowski schenkte der Rückseite des Einbandes – trotz unseres Zerwürfnisses – eine Lobeshymne; er hatte mit Sicherheit keine der Storys gelesen, seine Deutschkenntnisse reichten dazu gar nicht aus. Aber es freute ihn vermutlich, dass seine Prophezeiung, ich würde das Filmemachen weit hinter mir lassen, eingetroffen war.

Eine langjährige platonische Wiener Freundin, Barbara, bat mich eines Abends, sie zu einem Dinner mit Hélène zu begleiten. Unser erstes Wiedersehen, seitdem ich auf dem Bauch des halben Kindes gelegen hatte. Ich wusste, Hélène war Schauspielerin geworden und hatte in der Zwischenzeit verschiedentlich in Filmen, die ihr Mann produzierte, mitgespielt; ich kannte keinen von ihnen. Sie besaß Häuser, Gärten, Wohnungen in Monaco und in Chamonix, in München und in Berlin. Wien besuchte sie mehrmals im Jahr, um ihre erstgeborene Tochter zu sehen, die als Embryo gegen mein Ohr gestupst hatte und hier nun Archäologie studierte. Hélène mietete sich bei ihren Wienbesuchen im edlen Hotel Imperial, unweit der Staatsoper, ein.

Hélène wartete in einem kleinen, engen Restaurant der Wiener Innenstadt auf uns, saß dann an dem runden Tisch zwischen mir und einem jungen, hübschen Filmagenten aus Marseille, der dem Adelsgeschlecht der D'Uclaux de La Vallette entstammte. Schön und vornehm sah sie aus, an diesem ersten Wiedersehensabend, aber auch müde und ein wenig verlebt. Sie deutete an, sechs Wochen zuvor, während der Dreharbeiten zu einem peinlich missglückten Spielfilm, den ihr Mann in Buenos Aires produziert habe, in der argentinischen Hauptstadt drei Tage und drei Nächte in einer Nervenklinik zugebracht zu haben. Trank Weißwein in großen Mengen, den Grünen Veltliner, forderte mich auf, es ihr gleichzutun: »Mehr! Mehr! Du trinkst so kleine Schlückchen – wie ein Kind!«

An unsere erste physische Nähe erinnert, knüpften wir daran an. Sie suchte nahezu augenblicklich unter der Tischkante nach meiner Hand, streichelte sie. Legte ihre Linke an die Innenseite meines rechten Schenkels. Hélène liebte die Liebe. Liebte Frauen und Männer. Liebte mich, kam mir vor, das Kind aus der Villa auf der Hohen Warte, am Stadtrand von Wien.

»Ich liebe Adel!«, ließ sie jetzt den Agenten wissen. »Ihr Adelsmenschen begreift nämlich immer sehr exakt, woher ihr kommt und wohin ihr gehört.« Als ich sie auf das »von« in ihrem eigenen Namen ansprach, lachte sie laut auf: »Das kommt ja doch zustande nur durch den meinigen Mann, den ich vergöttere!« Sie müsse allerdings zuweilen aus seiner Nähe ausbrechen und sich frei fühlen – er habe Verständnis dafür. Kaspar von Haberstein lebte damals in Berlin, hatte dort Jahre zuvor den Hauptsitz seiner Produktionsfirma installiert. »Ich bin im Westen von Berlin sehr fehl am Platz, so ein trauriger Ort. Und alle Menschen so, *so* schlecht angezogen! Ich weiß nicht mehr, wo ich hingehöre. Wo ist mein Zuhause?«, fragte sie uns, »… in Wien, da fühle ich mich so heimelig, da sind sie, die guten Reminiszenzen an die frühen Jahre.« Sie habe die Stadt als junge Frau gehasst, als grautraurigen, deprimierenden Sumpf empfunden, erinnerte ich sie. Sie lachte schrill: »Du hast starke Phantasien. Total unwahr, was du sagst.«

Ich flüsterte ihr zu, als Kind überzeugt gewesen zu sein, mein kleiner Baum bestrafe mich, weil ich ihm das Goldfischopfer nicht dargebracht hatte. Sie kicherte. Erwähnte, als sei es ein Apropos, ihre Begegnung mit Marcel Prousts Nichte, in der Halle des Pariser Hotels Plaza Athenée, wenige Tage zuvor, »wir tranken Porto, Marcels Lieblingsgetränk, natürlich von seiner Champagnerbegeisterung abgesehen, wusstet ihr das?« Im nächsten Augenblick liefen ihr Tränen herab. »Ich habe so Furcht vor dem Tod, mein Leben eilt seinem Ende zu«, flüsterte sie. »Furcht vor dem meinigen Tod und Furcht vor dem Tag, an dem mein Mann sterben wird.«

Zuweilen vergaß sie, wovon sie gerade gesprochen hatte, dann füllten verschobene, verschrobene Sätze die Konversationsbrüche aus. Ich beruhigte sie, ihr Ableben sei in nächster Zukunft nicht zu befürchten, sie fand zu ihrem Thema zurück: »Wovor habt ihr größte Furcht? Und was ist für euch das größte Glück?«

»Lieben zu können wäre für mich … das größte Glück«, antwortete ich. Und wagte es daraufhin, mich auf Hélènes Bauch vorzutasten, bis in Nabelhöhe, stieß dort auf die Hand des jungen Agenten, der zu ihrer Rechten saß.

»Ist es nicht schön, einer Verführung nachzugeben?«, fragte sie. »Das ganze Leben ist auch ein Spiel, findet ihr nicht? Wenn man nicht offen ist und experimentiert im Leben, bleibt man dumm. Ich mag Schönheit. Ich glaube, manche denken, ich würde Frauen lieben. Ich mag Männer sehr. Beides: Männer und Frauen. Mein Herz ist groß. Ich hatte mal eine Flirterei mit einer megaberühmten Filmdiva. Ein Drama. Es ging nicht von mir aus, sie suchte meine Nähe. Danach hat sie meinen ganzen Badezimmerspiegel voll mit Lippenstift geschrieben. Sehr unangenehm vor meinen Angestellten. Ich kenne das Leben. Ich habe mit dem Schah von Persien Nächte durchgetanzt, aber auch die ganz andere Seite erlebt. Ich bin – bei Gott! – nicht hübsch gebettet aufgewachsen.«

Wir wechselten in ein Nachtlokal. Tranken Fernet Branca in rauen Mengen. Tanzten eng umschlungen, in den Drehungen spürte ich Hélènes Hand gegen meine Erektion streifen, und plötzlich brach ihre große, breite Zunge hervor, die meine Augenlider und Wangen attackierte. »Weil du so süß bist! So sanft!« In einer Pause zwischen zwei Rockmusiknummern sackte sie auf der Tanzfläche zusammen, wie vom Blitz getroffen. Barbara, der Agent und ich hoben sie auf eine Sitzbank, sie schien ohnmächtig. Sollte man die Rettung rufen? Ein Taxi wurde bestellt, sobald sie die Augen wieder öffnete. Nein! Auf keinen Fall! Sie wollte noch nicht ins Hotel zurück. Und man zog weiter, ins Café Alt Wien, das hielt bis fünf Uhr morgens geöffnet.

»Jetzt muss ich unbedingt ein Gulyás essen!«, rief sie mehrmals in die Nachtluft hinaus.

Unter dem Windfang eines Haustors in der Wollzeile umarmte sie mich, versuchte erneut, mich zu küssen. Der hübsche Adelige verbeugte sich daraufhin vor Hélène, wollte ihr die Hand reichen, sie reagierte nicht darauf, er wankte fort. Auch Barbara verschwand. Wir blieben allein zurück.

Im dicht verrauchten Café lagen wir ausgestreckt auf den roten Lederbänken, man ließ es zu, ohne uns zu behelligen. Sie befahl mir, drei Glühbirnen auszuschrauben, das Licht sei hier viel zu grell. Ich tat ihr den Gefallen, niemand hielt mich davon ab. Sie sprach Leute an den Nebentischen an, erzählte ihnen von unserem einstigen Zuhause, der Villa auf der Hohen Warte. Mokierte sich, mehr zu mir als zu den Fremden gewandt, gab mein früheres Geständnis falsch wieder: »Er hat zu einem verkrüppelten Bäumchen gebetet. Gebetet! Dass wir ihn und seine Eltern nicht aus dem Haus katapultieren! Ist das nicht süß?« Sank danach auf die Sitzbank und in die Liegeposition zurück. Ein Gulyás wurde serviert, aber nicht angerührt.

»Ich will, dass du mir das Judentum erklärst!«, rief sie, im Liegen. Ich versprach, ihr das Judentum gerne bei künftiger Gelegenheit zu erklären, nicht jetzt und nicht hier. »Warum nicht jetzt und nicht hier? Bist du denn ein sehr, sehr langweiliger Mensch?«

Auch nach Minuten Sturmläuten: Der Nachtportier in einem der besten Hotels der Welt hörte die Klingel nicht, um vier Uhr früh. Wir suchten den Dienstboteneingang. Zwei Zigaretten rauchende Zimmermädchen saßen auf den Steintreppen, ließen uns eintreten, zeigten uns den Weg. Hélène rauschte in die Halle, brüllte »scandale!«, wiederholte mehrmals ihren Namen, ein Gloria-Swanson-Auftritt: Norma Desmond in der Endszene von ›Sunset Boulevard‹. Der erwachende Jüngling in der Portiersloge riss erschrocken die Augen auf, das Bangen um seinen Job war ihm ins Gesicht geschrieben.

In der Suite zogen wir einander die Schuhe aus, fielen in voller Kleidung ins riesige, nach weißen Lilien duftende Doppelbett. Schliefen augenblicklich ein.

»Schöne, teure Hotels sind Heimat für mich, so magnifique, so parfait. Geht es dir auch so? Orte von Geborgenheit, ich fühle mich beschützt, beschirmt: wie ganz selten irgendwo«, murmelte Hélène nach dem Erwachen in mein Ohr.

»Wenn es ein Hotel ist wie dieses! Schau, dieses Badezimmer! Alles Marmor! Paradies auf Erden. Findest du nicht?«

Ich war froh, nicht in meinen Zimmern sein zu müssen, fühlte mich hier mehr zu Hause als dort, sagte ihr das auch. Ich genoss jede Minute unter dem Hoteldach. Es war ein Sonntagvormittag. Wir bestellten beim Roomservice große Frühstücksmengen, Brunch im Grunde, und während wir auf das Klopfen an der Tür warteten – ich malte mir den mit schneeweißem Tischtuch gedeckten Tisch aus, voller Herrlichkeiten, Früchte, Fruchtsäfte, Eierspeisen, Brot- und Kuchensorten –, begann ich, Hélènes Wunsch nachzukommen und ihr das Judentum zu erklären, wobei wir augenblicklich in einen Auseinandersetzungswirbel gerieten. Schon ihre erste Frage, woher der Brauch zur Beschneidung der männlichen Neugeborenen komme, riss Abgründe auf: »Ihr seid grausam, ihr verstümmelt Bubenbabys bei ihrer Geburt. Das kann nicht gut sein. Ihr seid wie die Maya-Indianer, die haben auch Menschenopfer dargebracht. So kommt ihr mir vor. Schrecklich. Ihr seid also doch Barbaren.« Ich protestierte: Ein halber Zentimeter Vorhautentfernung sei mit einem Menschenopfer nicht unbedingt gleichzusetzen. Ich erzählte von den Gründervätern, von Abraham und Isaak, und dass Gott uns das Gesetz der Beschneidung in der Thora befohlen habe. »Thora hin, Thora her, so ein Blödsinn, Gott spricht doch nicht solchen Humbug!«, schimpfte sie. »Idiotische Kindermärchen aus der Wüste sind das!«

Ihre Auffassung ärgerte, kränkte, verletzte mich. Es ging laut zu, zwischen uns, erstaunlich, dass sich die Zimmernachbarn nicht beschwerten. Vielleicht gab es da niemanden, nebenan? Ich sprang aus dem riesigen Bett, zog blitzschnell die Schuhe an, lief aus der Suite. Kaum auf dem Korridor, sah ich einen livrierten Kellner, der sich gemächlich, einen Klapptisch vor sich herrollend, unserer Zimmertür näherte. Der Tisch sah so aus, wie ich ihn mir ausgemalt hatte, schöner sogar, üppiger bestückt, und mit einem blauweißrosagelben Frühlingswiesenblumenstrauß in der Mitte.

Ich rannte die breiten Treppen hinab und durch die Halle nach draußen, auf die Straße. Überquerte den Ring, flüchtete in das glitzernde Fin-de-siècle-Café Schwarzenberg, unmittelbar vis-à-vis. Suchte nach einem freien Platz. Und glaubte, das Bewusstsein spiele mir Streiche. Ich träumte sicherlich: Was ich sah, ließ mir den Atem stocken. Es konnte nicht sein.

Erkannte zuerst ihren Rücken. Danach erst die Kopfform. Die Haarfarbe, die schmalen Schulterblätter: Sie war nicht allein. Ich näherte mich der Nische, in der sie saß.

Zoe erschrak. Mein Herz klopfte mir bis zum Hals.

Sie stellte mich der jungen Frau vor, mit der sie beisammensaß. Eine Verlegerin, die das Buch über ihr Schaustellerprojekt zu publizieren plante. Sie hatte es nach vier Jahren abgeschlossen.

Sie kam zu mir, sobald die Besprechung beendet war, griff nach meiner Hand: »Ich habe erst vor kurzem … deine Briefe gelesen. Und natürlich die Telegramme. Ich dachte, du lebst in Amerika, in England, Frankreich. Sicher nicht in Wien. Ich verstehe nicht, wie man hier sein kann. Man geht doch nicht *zurück*?«

»Sondern …? Wohin geht man?«

»Natürlich nach vorne. Immer nur nach vorne …!«

Das neue Leben

Zoe wohnte bis zur Unterzeichnung des Buchvertrags in der feudalen Villa der Verlegerin, als Hausgast auf der Hohen Warte, nur wenige Grundstücke von jener Stelle entfernt, wo mein Baum gestanden, wo ich als Kind gelebt hatte.

Wir trafen uns in der riesigen Haupthalle der Alten Hauptpost oder am Naschmarkt, spazierten im Stadtpark, im Belvedere, auf der Hauptallee im Prater. Jedes Mal, wenn ich mich vorsichtig herabbeugte, um sie zu küssen, wich sie zurück. Ich erzählte ihr von Sandy Rothman und der Nacht von Lakewood. Sie glaubte mir nicht – der Vorfall kam ihr allzu grotesk vor.

»Komm mich besuchen, wenn du Lust hast«, schlug Zoe mir an der Busstation in der Innenstadt vor, ehe sie nach Paris abflog; ich begleitete sie diesmal nicht bis zum bitteren Moment an der Schranke zur Passkontrolle. »Sobald ich dort eine Adresse habe, rufe ich an oder schreibe dir.« Sie verschwand, wie Jahre zuvor.

In den Tagen danach verließ ich nur selten meine Wohnhöhle. Hélène rief täglich an, bat, mich wiederzusehen. Ich nahm das Telefon nicht ab. Bis ich eines Nachmittags die Nachricht auf dem Anrufbeantworter vorfand: »Keine Angst: Ich bin in Chamonix und reise bald nach Monaco. Der Wagen, du weißt, den Madame Tochter nicht mochte und möchte, er gehört dir, ab jetzt. Dank für alles, bist ein guter

Knabe. Hol dir Schlüssel und Papiere bei dem Schmidhuber, dem Chef-Concierge des Hotels; il est au courant …«

Hélène hatte ihrer Tochter ein Jahr zuvor einen fabrikneuen Saab gekauft, ihre Tochter wollte ihn nicht haben. Ich rief zurück.

»Sie ist so unmöglich verwöhnt, weißt du?«, klagte Hélène, nachdem wir Versöhnungssätze ausgetauscht hatten. »Der Wagen ist ihr nicht gut genug! Sie will nur Mercedes Benze! Ich werde ihr das schöne Mobil wegnehmen und es dir übergeben. Warum dir? Weil. Punktum. Willst du? Moment, hier, ich gebe dir Franziska Fantoni, Astrologin, weltberühmt, Südtirolerin.«

Ich musste mit einer ihrer Freundinnen sprechen, auf der Stelle, sie war gerade zur Cocktailstunde erschienen und stand neben ihr. »Dein Buch mit den Kurzgeschichten habe ich ihr vorgezeigt, sie hat darin hineinzublättern begonnen, jetzt muss sie dir drei Fragen stellen.«

Eine Fistelstimme stach in mein Ohr, Frau Fantoni wollte mein genaues Geburtsdatum, die exakte Geburtsstunde und den Geburtsort erfahren, um eine Tabelle für mein Horoskop erstellen zu können.

»Sollten Sie dabei auf etwas Dunkles, Erschreckendes stoßen«, forderte ich sie auf, »enthalten Sie es mir bitte nicht vor, teilen Sie mir Ihre Erkenntnisse schonungslos mit.«

Ich verließ gerade die Wohnung, um mir das Automobil anzusehen, als das Telefon läutete. »Fantoni hier. Ich darf Ihnen das Ergebnis mitteilen? Bei Ihnen: alles blockiert. Auf fünf bis sieben Jahre in die Zukunft. Nichts bewegt sich: Merkur, Mars, Uranus, vor allem aber Saturn, sie alle stehen nicht in guter Beziehung zu Ihrer Geburtsminute. Wie gesagt: alles blockiert. Tut mir leid.« Sie legte auf.

Das Auto war nie benutzt worden. Ich fühlte mich im Saab, Modell 900*i*, eher zu Hause als in meinen Zimmern. Drehte sinnlose Runden durch die Stadt und auf dem Land, nur, um im Wagen sitzen zu können. Verirrte mich absichtlich in den niederösterreichischen Wäldern, nahe der tschechischen Grenze, übernachtete im Auto, der Saab das Dach über dem Kopf. Ich war beinahe glücklich in jenen Tagen.

Wartete auf ein Zeichen von Zoe. Wartete drei, vier Wochen lang. Fuhr mit dem Wagen nach Graubünden, in das Dorf, in dem ich mich seit der Kindheit zu Hause fühle, wo ich zum ersten Mal das Nachdenken spürte, an einen Holzzaun gelehnt. Quartierte mich für einige Tage bei einer Bauernfamilie ein und kehrte schließlich nach Wien zurück, in der Hoffnung, Post vorzufinden. Sie hatte mir nicht geschrieben. »Wenn das mit einer Frau so anfängt«, warnte mich meine Mutter, »musst du sehr aufpassen. Das kann schlimm für dich enden. Ich kenne diesen Frauentyp aus meinen Hollywood-Emigrationsjahren so genau …«

Ich besuchte die Verlegerin in ihren Büroräumen, fragte, ob sie von Zoe gehört, eine Adresse von ihr habe. Sie lebte, erfuhr ich, mit zwei Fotografinnen, einem amerikanischen Schwesternpaar, in einer Wohnung im Marais. Unaufgefordert notierte die Verlegerin Zoes Pariser Telefonnummer auf einem Post-it.

Ich fuhr mit dem Saab nach Paris, bezog ein billiges Hotel nahe der Bastille. Wartete vierundzwanzig Stunden, bevor ich den Mut aufbrachte, aus einer Telefonkabine die Nummer zu wählen. Keine Antwort. Kein Anrufbeantworter. Spätabends versuchte ich es erneut. Zoe schien nicht überrascht, hatte die Verlegerin sie vorgewarnt? Nein, keineswegs. Aber sie hatte damit gerechnet, dass ich herausfinden würde, wo sie zu erreichen sei. Erst als sie begriff, dass ich aus Paris, nicht aus Wien anrief, war ihrer Stimme ein leiser Schreckensanflug anzumerken.

Wir verabredeten uns für den übernächsten Tag: »Es gibt einen außergewöhnlich schönen Markt in der Nähe von deinem Hotel«, sagte Zoe. »Marché d'Aligre, nicht weit von dem Gare de Lyon. Ein Café am Eck, ich glaube, es heißt ›Le Tabac‹, treffen wir uns doch dort, auf der Terrasse …«

Der Ort, den sie vorschlug, war jenes Café, auf dessen Terrasse ich mit Maria Grazia gesessen hatte, als François Mitterrand die Wahlveranstaltung abhielt, das spätere Café Charlette.

Das Erste, was Zoe von mir wissen wollte: »Ich verstehe deine Beziehung zu Wien nicht. Was war das, oder was ist das?«

»Ich liebe meine Kindheit. Mich fasziniert, was nach einem Zeitsprung von vielen Jahren von meinen Gefühlen für die Stadt geblieben ist. So wie man Traumfetzen nach dem Erwachen festzuhalten versucht. Da war noch etwas, der erlebte Stoff, die Villa auf der Hohen Warte etwa, von der allerdings keine Spur mehr da ist. Seltsam, wie wir trotz Film, Fotos und der Schreibkunst an emotionalen Erinnerungen nichts als Streifen und Scherben haben. Das Erleben ist fort. Ich wollte mich mit meiner Kindheit einlassen. Dort fühle ich mich, scheint es, am geborgensten.«

»Vielleicht wäre es an der Zeit, deine Kindheit hinter dir zu lassen: Du bist über dreißig Jahre alt.« Und nach einer Pause: »Ich suche nach einem erwachsenen Mann.«

»Ich will mein Leben mit dir teilen.«

»Bist du verrückt geworden? Außerdem warne ich dich: Es gibt niemanden, der schwieriger ist als ich. Ich bin das Gegenteil von liebenswürdig. Ich bin ruppig. Mit mir zusammenzuleben ist sicher kein Vergnügen.«

Ich gab nicht auf. Wurde bestimmter, aufdringlicher.

Zoe ließ mich an jenem Sonntagmorgen wissen, sie plane, »in der Nähe von diesem Markt« zu leben, um ihr nächstes Buch vorzubereiten: eine Geschichte des Pariser Lumpenproletariats, seiner Verbrecher und Prostituierten, der Wäscherinnen, Taschendiebe, der Roma, Juden und Araber, der Insubordination der Pariser Bevölkerung seit der Französischen Revolution.

»Alles, was ich hier gesehen und recherchiert habe, lässt mich Boden unter den Füßen spüren«, schwärmte sie. »Das habe ich an keinem anderen Ort so deutlich erlebt. Ich suche nach einer Bleibe, hier, in diesem *quartier*. Kennst du Colette? Nie gelesen? Für Colette war Paris wie ein Sammelbecken der Provinzen, durch ganz dünne Leitungsdrähte miteinander verbunden. Ich möchte die Provinz Aligre zu meinem Zuhause machen. Wenn du Lust hast, dieses Abenteuer mit mir gemeinsam zu wagen … be my guest. Aber ich habe dich gewarnt.« Sie stieß mich zurück und lockte mich zugleich. Sie holte, schob mich nach Paris und bat mich, sie allein zu lassen.

Als ich Hélène mit dem Saab einen Besuch in Chamonix abstattete, zeigte ich ihr eine Schwarz-Weiß-Fotografie von Zoe, erzählte ihr von dem überraschenden Wiedersehen an jenem Vormittag nach unserem Streit. Die Aufnahme löste Begeisterung aus: »Das ist deine Frau fürs Leben. Diese da – so schön! – darfst du nie nie wieder aus deinen Augen, aus deinem Sinn lassen. Du musst eurer Geliebtheit neues Leben einhauchen! Ist sie Jüdin?«

Es dauerte Jahre, ehe wir uns in Paris, tatsächlich in der Nähe des Marktes, in der gemeinsamen Mietwohnung niederließen. Zoe wollte niemals heiraten, vor allem nicht mich. »Du wirst die Frauen immer und überall verfolgen, wie du mich damals in Thalgau verfolgt hast«, davon war sie überzeugt. »Warum sollte ich mir so jemanden antun?«

»Ich werde mich ändern.«

»Du? Wirst dich nie ändern. Sobald du die Schwelle der Haustür überschreitest und hinausschnupperst, verwandelst du dich in eine Flirtmaschine. Du bist ein unheilbarer *philanderer*, ich weiß nicht, wie man das auf Deutsch sagt. Auf jeden Fall: ein unverbesserlicher romantic egomaniac.«

Sie wollte niemals ein Kind zur Welt bringen, vor allem nicht mein Kind. Und verwandelte sich nach Dylans Geburt in die liebevollste, besorgteste Mutter, die man sich nur vorstellen kann.

Flohmarkt

Zoe steuert ohne Umwege auf den Brocante zu, auf der Suche nach Kleidung, nach Möbelstücken, Tischtüchern, Tellern, Schüsseln, Wasserkrügen, Gläsern, Besteck, Leselampen. Man schlendert von Verkäufer zu Verkäuferin, vom nächsten zum übernächsten Stand, die Händler stehen eng beisammen, beobachten einander erstaunlich neidlos, anscheinend konfliktfrei. Monsieur Lenglet, der Placier, sorgt dafür, dass man hier etwas aufgelockerte, beinahe chaotische Zustände vorfindet, das relative Durcheinander der verschiedenen Verkaufsstände gefalle den Kunden um vieles besser, meint er, als ein allzu brav regulierter Flohmarkt.

Afrikanische Masken und Voodoo-Figuren sind bei dem Senegalesen Babacar zu finden, alles Kopien, gute Kopien, heute ist nichts Echtes darunter. Ein ausgestopfter Wildschweinkopf mitsamt riesigen Hauern starrt am Stand der zwergwüchsigen Madame Wanja aus Kenias Hafenstadt Mombasa in den grauen Herbsthimmel. Daneben die langen Tische mit antiquarischen Büchern, die Señor Sanchez aus Madrid feilbietet. Der Freund Gaston erzählte mir – es mag sich um eine *urban legend* handeln, könnte aber durchaus der Wahrheit entsprechen –, dass ein jugendlicher Durchreisender aus Australien hier vor nicht allzu langer Zeit eine Erstausgabe des *Ulysses* fand; er bezahlte acht Euro dafür und versteigerte sie am nächsten Morgen über das Weltweitnetz. Ein Sammler bot einhundertfünfundvierzigtausend Euro.

Josephine, im westafrikanischen Staat Bénin geboren und aufgewachsen, trägt während der Arbeit auch bei größter Hitze Skihandschuhe. Sie spricht fehlerfreies Deutsch, hat in Freiburg Germanistik studiert und in Karlsruhe für eine Versicherungsgesellschaft gearbeitet. Sie preist mir Sonnenbrillen an, Ray Ban, besonders günstig, ich habe noch nie im Leben eine Sonnenbrille aufgesetzt. Kaufe ihr eine ab, im sicheren Wissen, sie nie tragen zu wollen.

Nebenan hat Madame Billancourt Zartes und Zerbrechliches ausgelegt, Glas und Porzellan, sowie Spielzeugdüsenjäger und Rennautos, russische Puppen und kleine Christusfiguren am Kreuz, alte Münzen, Medaillen, prall gefüllte Briefmarkenalben. Die alte Dame klagt, niemand suche mehr nach Briefmarken. Nicht einmal ihre drei Enkelkinder ließen sich für das Sammeln begeistern. Ihre Nachbarin, eine Krankenschwester im Banlieueort Bondy, stammt von der Insel Mauritius, habe aber noch nie von den wertvollsten aller Briefmarken, der roten oder blauen *Mauritius*, gehört.

Um den weißhaarigen Monsieur Daniel schart sich eine dichte Menschentraube, wie an jedem Morgen, jedem Vormittag. Er hängt an einem Sauerstoffgerät, das er überall mit sich herumtragen muss; seit über einem Jahr wird er von Monat zu Monat dünner, schwächer, gebrechlicher, kleiner. Und taucht dennoch zu allen Jahreszeiten am Puces auf, wenn das Wetter nicht allzu regnerisch ist, und karrt überraschende Ware auf den Flohmarkt. Das können Kleidungsstücke oder Wanduhren, Gemälde oder Originalfotografien, aber auch Mikrophone, Lautsprecher, Füllfedern und ausrangierte Festnetztelefone sein. Man weiß es nicht im Voraus – das Aufklappen der Schachteln wird mit größter Vorfreude und Erregung erwartet. Sobald die Kartons geöffnet sind, strömen noch mehr Kunden herbei, erkundigen sich nach den Kosten, feilschen mit Daniel, der zuweilen überraschend Wertvolles nahezu umsonst, auffallend Wertloses zu lächerlich hohen Preisen verkauft. Er möchte insbesondere den Armen des *quartiers* etwas bieten: »Es sind sehr oft einsame Menschen, die bei mir kaufen, ich richte meine Preise danach, was ich glaube, ihnen zumuten zu können. Und bringe ihnen zugleich bei, nicht zu stehlen. Als ich voriges Jahr dem Tod sehr, sehr nahe kam, haben sie alle für mich gebetet. Die Christen, die Juden, die Moslems. Sie sehen: Das Beten hat geholfen! Ich habe überlebt. Schon allein dafür bin ich dem marché d'Aligre in alle Ewigkeit dankbar!«

Neben ihm bietet der hagere Monsieur Al-Umari, ein Flüchtling aus dem Irak, DVDs und Schallplatten an. Nach kurzem Kramen stößt Zoe an diesem kühlen, bewölkten Oktobertag auf einen obskuren Experimentalfilm aus Taiwan, aus dem Jahr 1993: ›18‹, über einen jungen Glücksspieler, der vom chinesischen Festland stammt und außerordentlich verwirrt ist, was seine Identität betrifft. Sie will den Film unbedingt besitzen, die 18 ist ihre Lieblingszahl. Eine spirituelle Ziffer, in der Gematria, der Interpretation von Worten mit Hilfe von Zahlen, entspricht das hebräische Wort für Leben, Chai, der Zahl 18: Der Zahlenwert des Buchstabens Chet lautet 10, der des Buchstabens Jud 8. Monsieur Al-Umari verlangt sechs Euro für den Film, er habe großen Seltenheitswert; Zoe lässt sich auf kein Feilschen mit ihm ein, drückt ihm eine Zweieuromünze in die Hand. Er akzeptiert – wortlos.

Ich wühle in seinen Kisten mit Vinylplatten, finde Aufnahmen mit Herbert von Karajan und den Berliner Philharmonikern, Einspielungen der Deutschen Grammophon in Hülle und Fülle, Mozart und Richard Strauss, Schubert, Schumann, Haydn und Beethoven. Sinfonien, Klavier-, Violin-, Oboenkonzerte. Auf den Umschlägen Hochglanzfotografien: der Dirigent mit silbergrauem Haarschopf, auf dem Höhepunkt seiner Ruhmeszeit, in den ernsten, zugleich exaltierten Posen des diktatorischen Orchesterchefs. Ich kaufe Monsieur Al-Umari zehn Platten ab, zu acht Euro, obwohl ich keinen Plattenspieler mehr besitze. Zoe zeigt mir einen Vogel, wie so oft. Ich lege den schweren Kauf auf dem Boden des Einkaufswagens ab. Wem diese Plattensammlung wohl gehört haben mag? Monsieur Al-Umari weiß es nicht. Er wurde zu einem jungen Geschwisterpaar im Vorort Malakoff gerufen, die den Keller ihrer verstorbenen Eltern ausgeräumt haben wollten, ihm alles darin überließen, ohne Geld zu verlangen. Im Gegenzug befreite er sie von allem, was sie loswerden wollten, darunter auch Elemente einer fotografischen Dunkelkammer, samt Vergrößerer, Papierpresse, Wannen und Chemikalien. Ob Zoe Interesse an diesen Artefakten einer untergegangenen Epoche hätte? Es ist besser, ich frage nicht, es täte ihr nur weh: Die Tatsache, nur noch digital zu arbeiten, die analoge Fotografie ganz hinter sich gelassen zu haben, versetzt sie in große Traurigkeit.

»You have absolutely no feeling for clothes!«, ruft sie mir zu, als ich eine Lederjacke anprobiere, bei Simon, oder ist es Samuel? Die israelischen Zwillinge ähneln einander sehr, sind jederzeit verwechselbar. »It's as though someone would just put something on you … and you then carry it around without even realizing what you're wearing. Please take that jacket off immediately!« Sie spricht außerhalb der Wohnungsmauern niemals Deutsch: In Frankreich als ›*boche*‹ zu gelten? Ein grauenvoller Gedanke.

»Keine Kleider auf Flohmärkten kaufen!«, hieß ein ungeschriebenes Gesetz meiner Mutter, an dem sie bis zu ihrem Tod festhielt. »Du kannst nicht wissen, wem das Sakko, die Hose, das Hemd gehört hat. Womöglich jemandem, der deportiert und umgebracht wurde. Oder seinen Mördern.« Ein halbes Jahrhundert nach dem Ende der Schoah wagte ich, das Gegenargument vorzubringen, gebrauchte Kleider seien heutzutage nicht älter als zehn, allerhöchstens zwanzig Jahre. Mutter ließ das nicht gelten: »Es geht ums Prinzip. Man trägt nicht die Kleider von Toten. Gebrauchte Kleider stammen fast immer von Toten. Du trägst Geister als deine ständigen Gäste mit dir durch die Welt.« Als Mutter in ihrer Londoner Wohnung starb, kam ihre beste Freundin Simone aus Berlin angereist, holte sich aus den Schränken, was ihr gefiel. Den Rest der Garderobe verschenkte ich an die Salvation Army.

›Les Vieux Habits‹ hieß dieser Teil des Aligre vor zweihundert Jahren, das nahe gelegene Kloster Saint-Antoine hatte das Terrain unter der Bedingung an die Stadt abgetreten, dass hier gebrauchte, aber saubere Kleider und Betttücher an Arme, Bettler, Obdachlose verkauft und verschenkt würden. Zuvor mussten sie gewaschen und getrocknet werden, in den Waschhäusern, von denen heute nur noch eine Fassade in der angrenzenden rue de Cotte steht, ›Grand Lavoir du Marché‹ entziffert man auf dem brüchigen Mauerwerk.

Diese Vorgeschichte dürften die Sauvettes, die Roma- und Sintifamilien, zumindest erahnen – Großeltern, Eltern, Kinder, Jugendliche, Onkeln und Tanten legen in Scharen am Rande des Flohmarkts ihre Waren aus, aus den Mülleimern der Stadt gefischt und hier zusammengetragen: alles, was die Zivilisation wegwirft, von Hüten, Kappen, Handtaschen und Schals bis zu alten Kameras und Kabeln, Steckern, Vasen,

Lampen, Bohrmaschinen, Spiegeln, Stiefeln, Turn- und Stöckelschuhen. Sogar Mäntel, Röcke, Blusen, Jacken werden weggeworfen und von den stöbernden Familien auf ihren Streifzügen vor den Verbrennungsanlagen am Stadtrand bewahrt. All das Aufgefundene – und, mit Sicherheit, auch Raubgut – verkaufen sie hier, am Puces. Die Marktordnung sieht keine Plätze für sie vor. Deshalb heißen die illegalen Straßenhändler ›Sauvettes‹, die, die sich mit verdächtiger Eile vor dem Zugriff der Stadt- und Staatsgewalt *sauver*, retten, müssen. Es sind derbe Typen, klischeewild sehen sie aus, die Männer mit dem immerdunklen Bartschatten, den zusammengekniffenen schwarzen Augen, die wie Räuberaugen glühen. Männer und Frauen, die sich niemals ein Lächeln gestatten, auch untereinander nicht. Wüste Weiber in langen bunten, teils zerrissenen Kleidern, die ungewaschenen Kinder bettelnd, sie sind selbst in der kalten Jahreszeit oft ohne Schuhwerk unterwegs, obwohl nicht selten Kinderschuhe im Warenangebot der Erwachsenen herumkugeln. Offizielle Flohmarkthändler, die israelischen Zwillinge etwa, finden bei den Illegalen mitunter Waren, die sie dann selbst um ein Vielfaches weiterverkaufen: Die Lederjacke, von deren Anschaffung Zoe mich abgehalten hat, könnte solchen Ursprungs sein.

Der junge Leiter des Crédit du Nord, auch an Samstagvormittagen hat die Bankfiliale geöffnet, tritt vor die Tür, vor der die Sauvettes Stellung bezogen haben, fordert eine der Großfamilien auf, die Zone vor dem Eingang unverzüglich zu räumen. Keiner beachtet ihn. Man dreht sich nicht einmal nach ihm um. Der langhaarige Clanchef, der einem alternden Indianerhäuptling ähnelt, hält dem Filialleiter schließlich eine Bluejeans hin, sie sieht fabrikneu aus, drei Finger seiner linken Hand zeigen die drei Euro an, die er dafür haben möchte. Ab und zu sieht man hier einen von der Bank angestellten Sicherheitsbeamten samt deutschem Schäferhund, der älteren Kunden, wenn sie beim Bankautomaten ihr Bargeld ziehen, die Angst vor den Sauvettes nehmen soll.

Zoe hat die Sauvettes für ihre neue Recherche oft besucht, befragt, fotografiert, sie lässt mich heute allein zu ihnen gehen, während sie mit der Flohmarkthändlerin Geneviève den Preis für eine perfekt erhaltene Lederhandtasche der Firma Mulberry aushandelt. Die alte Bettlerin taucht auf, wie üblich am Samstagmorgen. Im Moment, da sie einer höchstens neunjährigen Romatochter einen orangenen Lippenstift für fünfzig Cents abkauft, nähert sich eine Polizeipatrouille. Ein knappes Hupen nur, kein Sirenengeheul. Sofort packen die Straßenhändlerfamilien alles zusammen, was sie besitzen, verwenden dazu die fallschirmgroßen Tücher, auf denen die Waren ausliegen. In größter Eile wird die schwere Last über die Schultern geworfen; man verschwindet, stöhnend, in die Seitenarme des sternenförmig ausufernden Gassengeflechts, das von der Place d'Aligre seinen Ausgang nimmt. Sobald der Polizeiwagen die Stelle erreicht hat, an der die Händler soeben noch ihre Ware angeboten haben, ist von den Illegalen nichts mehr zu sehen. Einzelne Schuhe, Hemden, Pullover, Videokassetten liegen da, von den Fliehenden im letzten Moment nicht mitgeschleppt, die Beamten klauben die Reste zusammen, werfen sie in den Müll.

Der wie immer in Schwarz gekleidete Gaston taucht auf, übernächtigt, verkatert – die Sauvettes haben seiner Meinung nach das gute Recht, hier ihren Geschäften nachzugehen: »Dieser Ort wurde ja schon vor langer Zeit ausdrücklich den Armen und Heimatlosen überlassen!« Er kauft von ihnen, tauscht Waren mit ihnen aus, warnt sie, wenn irgend möglich, vor den anrückenden Polizisten. Die Beamten müssten sie, so befindet er, in Ruhe lassen. Bemerkt er, dass sie sich dem Markt nähern, selten auf Fahrrädern, öfter in ihren Streifenwagen, ruft er bei einem der Sintimänner an, gibt ihm ein Zeichen. Dieses Mal hat er die *flics* nicht rechtzeitig gesehen.

Die Großfamilien lassen eine halbe Stunde vergehen, mehr nicht. Danach sind sie alle wieder da, legen seelenruhig ihre Waren aus, strömen zurück, als sei nichts geschehen. Sie werden nur verjagt, nicht bestraft, es ist das geduldete Chaos: bis zum nächsten Auftauchen der Ordnungshüter, ein paar Stunden, bisweilen auch erst ein paar Tage später.

Leidenschaften

»Der Markt erdet mich«, sagt Zoe, ich kehre nach meiner Runde bei den Sauvettes zu ihr zurück. Sie wiederholt es mantraähnlich, alle paar Wochen: »Sobald ich hier bin, stehe ich mit beiden Beinen in der Realität. In einer paradiesischen Realität. Es gibt nichts auf dieser Welt, was dem Schlaraffenland ähnlicher wäre oder mich glücklicher macht als der marché d'Aligre. Wo alles existiert, was man sich nur erhoffen, erträumen kann. Alles Essbare, Genießbare, aus jedem Erdteil. Nicht ein Fischgeschäft, sondern vier Fischgeschäfte, unter denen man auswählen kann. Nicht ein Fleischhauer, dein Wildmörder Romain, sondern fünf. Nicht ein Obststand, sondern dreißig oder mehr. Und vierzig Gemüsestände? Oder mehr? Überall unverpackte, frische Produkte. Nur selten Glashausware, da bin ich mir sicher. Unmittelbar daneben der Brocante, mit allem, was er uns bietet. Und das alles auf aller-, allerengstem Raum! Sag etwas! Bleib nicht so still!«

Mein Wildmörder Romain: Sie meint Monsieur Charbon, den wichtigsten Metzger in der Halle – der Jagd gilt seine ganze Leidenschaft. Mitte fünfzig, immer mit derselben speckigen Schiebermütze, er trägt eine Brille und eine weite weiße, konstant blutbefleckte Schürze. Ich hatte ihn unlängst gefragt, ob ich ihn bei Gelegenheit auf einer seiner in den Herbstmonaten wöchentlich stattfindenden Wildschweinjagden begleiten dürfe. »Pourquoi pas«, gab er, wie es seine Art ist, etwas ruppig zurück, »quand vous voulez«, wann immer es mir recht sei. Dylan reagierte mit Abscheu, konnte nicht glauben, dass ihr Vater ein solches Anliegen jemals äußern oder gar Romain Charbons Angebot Folge leisten würde.

Zoe kauft für die kommende Woche ein, Obst und Gemüse, das Ende September Saison hat: Äpfel und Birnen, Walnüsse, Kastanien, Feigen und Blaubeeren, Kürbis und Spinat, Rosenkohl, Broccoli und Auberginen. Ich bewege mich währenddessen auf die hohe Halle zu, am Rand des Flohmarkts, entlang des geschwungenen Seitenarmes der Place d'Aligre. Vorbei an der Graineterie von Julio und Yuko – Samen, Setzpflanzen, Blumenerde gibt es hier und Nüsse, getrocknete Bohnen, aber auch zehn Müsli- und doppelt so viele Pastasorten. Julio, ein großer, hagerer Mann Anfang fünfzig, huldigt vier Leidenschaften: seiner Ehefrau Yuko, dem Theater, seiner Graineterie und den Reisen. Die Theaterleidenschaft verführt ihn dazu, Laienschauspieler zu sein; ich habe der Aufführung eines Experimentalstücks beigewohnt, geschrieben von einem jugendlichen Arbeitslosen aus unserem *quartier*, und mich so heftig für Julio geschämt, dass ich danach wochenlang kein Wort hervorbringen konnte, wenn ich ihn sah. Die Reiseleidenschaft führt ihn mehrmals im Jahr nach Berlin – er findet die Stadt »superbe!«, Kreuzberg und Prenzlauer Berg vor allem, obwohl er kein Wort Deutsch versteht (das mag hilfreich sein) – und jeweils im Sommer und Winter für mehrere Wochen in den Norden Japans, wo Yuko herstammt. Nirgendwo auf Erden fühle er sich wohler, glücklicher, geborgener als bei Yukos Verwandtschaft, in den Bergen nahe Tokamachi, in der Präfektur Niigata.

»Yukos Familie hat mir am Abschiedstag unseres letzten Besuchs den Begriff *Ikigai* beigebracht«, erzählt mir Julio, er hat den Laden verlassen, um mir ein frisches Müsli aus dem Kühlschrank mitzugeben, ich solle das zwei Tage zuvor gekaufte, noch ungeöffnete, unbedingt wegwerfen, er habe bemerkt, dass mehrere seiner Packungen Lebensmittelmotten und deren Larven beinhalteten. »Du kennst den Begriff Ikigai nicht, nehme ich an?«, fährt er fort, »es ist das wunderbare Konzept der Lebensfreude und der inneren Zufriedenheit. Das Erkennen, warum man auf der Welt ist, was einem wirklich wichtig ist, was einen glücklich stimmt. Wer sein Ikigai findet, sein eigentliches Lebensziel, welches ihm das Gefühl vermittelt zu wissen, warum er morgens aufsteht, der hat die wichtigste Grundlage seines Daseins erreicht. Yukos Familie hat mir beigebracht: Die zwei wichtigsten Tage in deinem Leben sind der Tag deiner Geburt und der Tag, an dem du dein Ikigai entdeckst.«

»Und was ist dein Ikigai?«, frage ich ihn, obwohl ich die Antwort zu kennen glaube.

»Dreimal darfst du raten …«

Ein verschlafen wirkendes Paar kommt uns entgegen, Mitte dreißig etwa, eng umschlungen, die Liebesabenteuer der vergangenen Nacht sind ihren gemächlichen Bewegungen, der lässig-langsamen Art, in der sie vorwärtsschreiten, deutlich abzulesen. Besonders an Wochenenden begegnet man auf dem Markt Paaren oder kleinen Gruppen, die sichtlich die Nacht durchgemacht haben – man erkennt es an der Art und Weise, wie sie in die verschiedenen Cafés hineintaumeln. Der Rausch sitzt noch in ihren Gesichtszügen, zeichnet eine Übernächtigkeitsblässe.

Der stets betrunkene Penner grinst, kichert vor sich hin, spricht mit sich selbst, wie immer mit der halbleeren Wein- oder Cognacflasche in der Hand. Er gehört wie ein Wahrzeichen hierher, ein lebendes Denkmal: der ewige Saufbruder, dem die Marktleitung kleine Jobs anvertraut; zurzeit darf er alle paar Stunden Abfallcontainer zur großen Müllvernichtungsapparatur karren.

Am Stand eines alten algerischen Gemüseverkäufers, dem ich noch nie etwas abgekauft habe, beschimpft der Händler gerade auf Arabisch seine zwei sehr jungen Mitarbeiter.

»Warum schreien Sie so?«

»Araber muss man anbrüllen«, entgegnet er zwischen zwei Ausbrüchen, »sonst geschieht gar nichts!« Und beleidigt seine beiden Landsmänner weiter auf das gröbste.

Monsieur Godineau schlurft mit halb offenem Mund durch die Marktstraße, todmüde, ausgelaugt, die teuren italienischen Lederschuhe schleifen über den Boden; er starrt durch mich hindurch. Jedes Mal, wenn ich ihn sehe, in den letzten Jahren, löst sein erbärmlicher Zustand ein Triumphgefühl bei mir aus, von dem er nie erfahren wird. Ich kenne Monsieur Godineau aus seiner besten Zeit: als äußerst agilen, grausam hochmütigen Oberkellner in einem der schicken Cafés der Rive Gauche. ›La Palette‹, in der rue de Seine, galt in den späten sechziger, frühen siebziger Jahren des letzten Jahrhunderts neben dem ›Flore‹ und dem ›Les Deux Magots‹ als eine Bastion der Künstler und Philosophen; Monsieur Godineau herrschte dort als Rausschmeißer und Höllenhund in Personalunion. Ohne seine Zustimmung war kein Platz zu ergattern, auch dann nicht, wenn das Café halb leer stand. Fremdsprachen verstand er nicht, kein einziges Wort, oder er gab es zumindest vor. Monsieur Godineau entschied, wer sitzen durfte und wer nicht – sei es in den Innenräumen, sei es auf der Terrasse. Wie oft habe ich mich bemüht, ihn umzustimmen, doch von fünf Anläufen schlugen vier fehl. Ich hasste

Monsieur Godineau, beschloss, das Café für immer zu meiden. Später, so erfuhr ich, wurde er Besitzer des Etablissements und stieg zu einem der reichsten Männer der Stadt auf. Bis er das ›La Palette‹ vor zwanzig Jahren zu günstigsten Bedingungen verkaufen konnte. Er zog in mein *quartier*, bewohnt ein überdimensionales Dachgeschoss in unmittelbarer Nähe der Halle Beauvau, wankt durch den Markt, zombieähnlich, mit hässlichen, kalten, bösen Augen. Denselben Augen wie einst. ›Der kommt noch eines Tages in meine Gasse‹, dachte ich damals, zu seinen kraftstrotzenden Glanzzeiten.

Die hohe Halle durchquerend, komme ich an Olivier Prospers prachtvoll renoviertem Käsestand vorbei, der sich hochmodern und um vieles schöner, heller, großzügiger präsentiert als vor der Brandkatastrophe. Eine große Gruppe grober Amerikaner und Amerikanerinnen aller Altersstufen umringt den Stand, von der unansehnlichen kleinen Fremdenführerin – sie wirft mir hasserfüllte Blicke zu – mit extralauter Stimme auf die edlen Sorten hingewiesen, von Rocamadour bis Mont d'Or, von Saint Marcelin bis Crottin de Chevignol, Banon, Comté, Roquefort und viele mehr. Dreißig Touristen – mehr denn je!, die alle Zugänge verstellen –, ich hätte größte Lust, den Pulk niederzubrüllen. Ärgere mich, es nicht zu wagen, die dicht Beisammenstehenden mit einem wilden Schrei auseinanderzutreiben. Endlich ruft Olivier der Fremdenführerin zu, die Gruppe möge seiner Kundschaft doch bitte den Zugang zu seinem Stand freigeben. Der Pulk bewegt sich träge weiter.

Neben dem Käsestand meine Geflügelmänner, ich winke ihnen zu. Der schlanke Alain ist seit drei Jahrzehnten, seit er achtzehn ist, im Geschäft, das er von seinem Vater übernommen hat. Sein Angebot an Hühnern, Enten, Puten, Wachteln, Tauben, vor den Feiertagen auch Perlhühnern, Fasanen und

Gänsen, ist überwältigend. Alains Mitarbeiter Laurent kennt nur eine Leidenschaft: An seinen freien Tagen zieht er sich an den Stadtrand zurück, in seine kleine Hütte, die an einem breiten Knie der Seine liegt, um zu fischen. Er hat mir eines Abends, als er den Laden nach Geschäftsschluss reinigte und mich in der bereits verschlossenen Halle zurückbehielt, anvertraut, an einer schweren Erbkrankheit zu leiden. Sie befalle das Verdauungssystem, sein Vater starb als Fünfzigjähriger daran, er selbst ist bald so alt. Er ließ sich vor Jahren den gesamten Dickdarm entfernen: »Je ne plus de rectum!« Er habe keinen Mastdarm mehr. Wie lebt man ohne Rektum? Ich wagte nicht, genauer nachzufragen. Dabei ist Laurent ausnahmslos bei bester Laune, schäkert mit den *Ladies*, wie er die Damen der besseren Gesellschaft nennt, witzelt mit jedem Kunden, mit jeder Kundin.

Im kleinen Supermarkt in der rue d'Aligre sind ein paar Notwendigkeiten für den Haushalt zu besorgen, ich kaufe zuweilen hier nur deshalb ein, um mich mit Jack zu unterhalten, dem jungen dunkelhäutigen Mann an der Kasse. Die *Franprix*-Filiale wird von zwei aus China gebürtigen Cousins geführt und beschäftigt ausschließlich Mitarbeiter aus Pakistan, Sri Lanka und den Antillen. Jack stammt aus Guadeloupe, einer Insel der französischen Überseeprovinzen, die man *les DOM-TOM* nennt. Kaum betrete ich den Laden, legt er bereits los, wirft mir die neuesten Unerträglichkeiten der amerikanischen Außen- und Innenpolitik an den Kopf, für die er mich jedes Mal direkt und ganz persönlich verantwortlich macht: »Jetzt habt ihr beinahe wieder den Dritten Weltkrieg ausgelöst, mit eurer Idiotie …!« Dazu sein waches, meckerndes Lachen. Er ist ein unermüdlicher Nachrichten-*Junkie*, verlässt sich keineswegs nur auf ein oder zwei Informationsquellen, sondern liest neben Le Monde und Libération auch noch andere Zeitungen und hört in der Früh die Nachrichten auf mehreren Stationen: »Ich nehme alles wie ein Schwamm auf und kann nichts vergessen.« Seine besonderen Vorbehalte gegenüber den Vereinigten Staaten sind auch damit begründet, dass er um die Freiheit seiner Heimat bangt: »In Wirklichkeit wollt ihr ja nur das Eine: euch früher oder später die Antillen einverleiben!« Auch er hält mich übrigens für einen Geheimdienstagenten, »eindeutig CIA, NSA, irgendsowas scheußlich Düsteres«.

Als es zum Bezahlen meiner Einkäufe kommt, berichtet er, bereits zwei Seiten seines geplanten Buchs über den Begriff *mulâtre*, Mulatte, geschrieben zu haben, den man in den Antillen für Mischlinge, *métisses*, wie er selbst einer ist, nicht mehr verwenden darf, da er als rassistisch gilt. »Mit einem falschen Wort kann man in meiner Heimat Böses verursachen, davon soll mein Buch handeln. Aber ich finde nie genug Zeit, am Abend bin ich müde, und meine Freundin will ausgehen.«

»Ist deine Freundin auch aus Guadeloupe?«, frage ich ihn, nicht zum ersten Mal.

Hinter mir, in der Schlange an der Kasse, beginnt sich Unruhe bemerkbar zu machen.

»Wir müssen unser Gespräch abkürzen«, flüstert Jack.

»Wo kommt sie her, deine Freundin?«, hake ich nach.

»Erzähl ich dir ein anderes Mal. Aber bitte, pass auf: Lös nicht den Dritten Weltkrieg aus. Der Dritte wird der letzte sein, das Ende der Menschheit …«

Ein kräftiger Windstoß kommt auf, bläst die ersten roten, gelben, braunen Herbstblätter von den Bäumen, die den Brocanteplatz säumen, wirbelt sie in alle Richtungen, sie bedecken den ganzen Markt.

Plötzlich wird die Menschenmenge von einer Welle der Unruhe erfasst. Vor dem Café ›La Grille‹ ist eine Schlägerei ausgebrochen. Zwei junge Männer liegen am Boden, vier andere drücken sie mit dem Fuß gewaltsam auf den Asphalt, zücken Handschellen und legen sie den beiden an. Zwei Mobiltelefone sind gestohlen worden – Omar, der Besitzer des Cafés, hat den Moment aus den Augenwinkeln wahrgenommen und sofort die Truppe der an jedem Markttag anwesenden zivilen Polizeibeamten verständigt. Die Verhafteten werden von Kopf bis Fuß abgetastet, aber das Diebesgut wird nicht bei ihnen gefunden – ein drittes Mitglied der Bande ist längst mit der Beute verschwunden, darin sind sich alle im Halbkreis herumstehenden Schaulustigen einig.

Ich ziehe weiter. Wenige Schritte von ›La Grille‹ und der hohen Halle entfernt liegt das mahagonigetäfelte, mit Steinboden ausgelegte Lokal ›Le Baron Rouge‹, wo es nach feuchter Kellerkühle riecht, ein Ort, der sich seit fünfzig Jahren nicht verändert hat. Ich ähnle womöglich einem der mir so verhassten Fremdenführer, wenn ich erzähle: Am Tresen wird ab zehn Uhr morgens und bis zehn am Abend ausgeschenkt. Rund ums Jahr, nicht bloß in den Monaten, die ein R aufweisen, bekommt man hier Austern aller Größen und Qualitäten, die jeweils am Vortag aus den Kulturen in der Bretagne und der Normandie gefischt wurden. Die Flaschenweine kommen aus jedem Anbaugebiet Frankreichs, darüber hinaus stehen hier mächtige Holzfässer, man bringt seine leeren Literflaschen mit oder bezahlt den Einsatz neuer und lässt sich den roten, weißen oder Roséwein direkt aus den Fässern abfüllen.

Clements Markham steht an diesem Morgen allein am Zinktresen, nippt bereits an seinem zweiten Glas eisgekühltem Sancerre. »Haven't seen you in ages!«, ruft er mir zu, nimmt im dunklen Raum die Sonnenbrille nicht ab. Clem, wie Freunde ihn nennen, taucht in Abständen von vier, fünf Monaten auf, besucht dann jedes Mal zuallererst den Markt. Man kennt seine Adresse, seinen Hauptwohnsitz nicht. Er ist wie immer perfekt gekleidet, nur die besten Materialien sind ihm gut genug. Trägt maßgeschneiderte Hemden, Hosen, Jacketts; selbst die Strümpfe sind aus feinstem Zwirn. Die Patek Philippe an seinem Handgelenk: wie in der Hochglanzwerbung der Financial-Times-Wochenendbeilage ›How To Spend It‹ angepriesen. Er wirkt wie einem James-Bond-Film entsprungen, nicht Bond selbst, eher einer seiner wichtigsten Mitstreiter, zuständig etwa für die Schnellbootflotte seiner Majestät. Und mit Booten hat er beruflich tatsächlich zu tun, das behauptet er zumindest: Er entwerfe Luxusyachten für Auftraggeber in den Golfstaaten.

Konstant auf Reisen, empfindet der britische Adelige die Stadt an der Seine als den angenehmsten, schönsten, interessantesten Ort auf der Welt. Und den marché d'Aligre als das unbedingte Herz der Metropole: »Man sagt mir nach, ich sei ein bisschen wie ein Zigeuner. *I'm a citizen of nowhere*, wie du – und ich bin stolz darauf. Überall und nirgendwo zu Hause. Ich brauche kein Zugehörigkeitsgefühl, um glücklich zu sein. Aber der Aligre ist *home* für mich, keine Frage – es ist ein tiefer Affekt. Dieses Kaleidoskop der Farben, Gerüche und Herkünfte! Menschen aller Klassen und Rassen, die ihren Einkäufen nachgehen, Nachrichten austauschen, flanieren, auf den Terrassen sitzen. Ein Traum. Ein absoluter Traum.«

Zoe stößt die Glastür des noch leeren ›Baron Rouge‹ von außen einen Spalt weit auf, macht mir ein Zeichen, zu ihr zu kommen.

»Du hast mir nie gesagt, dass du verheiratet bist«, wundert sich Clem.

»Wer sagt denn, dass das meine Frau ist?«

»Das sieht man …« Er salutiert zum Abschied.

»Who the hell was that?«, will Zoe wissen, nachdem sie mich von Clements Markham losgeeist hat. Sie macht mir Vorwürfe; mein Telefon war zu Hause liegen geblieben, ich war nicht gleich auffindbar.

»Ein Freund … aus der Vergangenheit.«

»Du blickst immer viel zu sehr zurück statt in die Gegenwart, statt in die Zukunft. Bist ziemlich ahnungslos, was heute in der Musik, in der Mode, der modernen Kunst passiert. Sitzt in deiner Schreibkammer, außer wenn du zum Markt gehst, und bekommst die Welt nicht mit. Lebe im Jetzt. Im *Jetzt*!«

Treibjagd

Um 6 Uhr morgens ist es noch dunkel und kühl an diesem Oktobertag. Um 7 Uhr treffe ich Romain Charbon in seiner ›Boutique‹ an, so bezeichnet er seine Fleischhauerei in der Hallenmitte. Er bereitet gerade mehr als zwei Dutzend Sandwiches zu, die er mit Wurst, Paté, Rillette belegt, für seine Freunde, die an der Jagd teilnehmen werden. Um mir die Wartezeit zu vertreiben, reicht er mir ein Flugblatt: »Lesen Sie das und lassen Sie mich wissen, was Sie davon halten. Ein Tierarzt, den ich kenne, hat es verfasst.«

Ich lese: »Halal- und Koscherschlachtungen sind nichts, worauf man stolz sein darf! Bei vollem Bewusstsein wird dem Tier die Kehle durchgeschnitten, es leidet bis zu vierzehn Minuten.« Daneben die Abbildung eines blutüberströmten Rinderschädels, nur zur Hälfte vom Körper des Tieres abgetrennt. »Das Tier«, heißt es in dem Flugblatt, »atmet weiter, während sich Bakterien aller Art aus dem Magen im ganzen Leib verteilen. Der intensive Stress führt darüber hinaus zur Ausschüttung weiterer Giftstoffe. Nach dem Tod liegt der Kadaver dann in seinen Exkrementen auf dem Boden des Schlachthofs …« Und so geht es weiter, immer grausamer, immer unappetitlicher.

Auf unserer Fahrt in Monsieur Charbons schlammverkrustetem Toyota-Jeep, unterwegs zum Forêt de Sénart, am südöstlichen Stadtrand, begleiten uns zwei große Jagdhunde, sie sitzen hinter Gittern, im Bereich, der sonst Kofferraum wäre, hechelnd, leicht jammernd, mit hohen Stimmen: Iris, seltsamer Name für ein Männchen, und Dune, das Weibchen.

»Also? Was sagen Sie zum Flugblatt?«, will Monsieur Charbon wissen. »Das kann Ihnen bei mir jedenfalls nicht passieren. Ich verkaufe kein einziges Gramm Halal- oder Koscherfleisch!«

Um uns beiden die Stimmung für den Tag nicht zu vergällen, antworte ich einsilbig: »Ich esse, wie Sie ja wissen, eigentlich sehr wenig Fleisch.«

Romain Charbon erzählt von seinem wichtigsten Mitarbeiter, dem dicklichen Martin, der zwar ein hervorragender Fleischermeister sei, im Privatleben aber ein völlig hoffnungsloser Fall: Er verliere ständig alle Papiere, Ausweise, selbst seine Kreditkarten, habe nie einen Cent bei sich; er bekomme regelmäßig Strafmandate, obwohl er kein Auto besitzt. (Die sogenannten PV, procès verbaux, gibt es auch für ganz andere Delikte als für Verkehrsübertretungen.) Er hat Narben auf der Schädeldecke, man sieht sie nicht, wenn man vor ihm steht. Er wurde als Kind schrecklich geschlagen. Als er unlängst seinen Bruder wiedersah, mit dem er seit Jahren zerstritten ist, warf der ihm einen Stuhl an den Kopf. Alles klingt wie in einem Balzac-Roman: Restaurantbesitzer tauchen mitunter vor der Boutique auf, mit extremen Geldforderungen, die Romain Charbon dann für Martin begleicht. Und den Gläubigern verbietet, je wieder vor dem Aligre-Stand aufzukreuzen. Rechnungen über 180 und bis zu 300 Euro – wie kann das sein? Er darf und will mir nicht alles erzählen, macht mich dadurch nur noch neugieriger.

Um 8 Uhr 15 treffen wir vor der *Faisanderie* ein, dem einstigen Fasanengehege im Herzen des Forêt de Sénart, zahlreiche

Jagdteilnehmer sind bereits versammelt. Wie erstaunlich nahe dieser Wald beim Stadtzentrum ist! Romain stellt mich dem »Directeur« der Jagd vor, einem ernsten jungen Mann namens Patrick, der bei seiner kurzen Ansprache eher wie ein Politiker als ein Forstmeister wirkt. Ein kleiner Imbiss findet in der Faisanderie statt, ich zähle rund fünfzig Anwesende, ausschließlich Männer zwischen vierzig und siebzig Jahre alt, nur eine Handvoll junger Burschen ist darunter.

Patrick erläutert, wie die drei geplanten »Battues« ablaufen sollen. Erst jetzt begreife ich, dass es sich bei der ersten Jagd, an der ich in meinem Leben teilnehme, um eine Treibjagd handelt. Man treibt die Tiere, die sich im Dickicht des Waldes verstecken, den Jägern zu, die auf Hochsitzen warten. Der Ablauf wird militärisch exakt eingeteilt, wem während der drei Battues welche Aufgabe zufällt, wie sich alle zu verhalten haben. Der Umgang mit eventuell auftauchenden Spaziergängern, die man rechtzeitig warnen muss, wird angesprochen: Schilder sind im Wald verteilt, Warntafeln, Wanderer dürfen bestimmte Wege heute nicht betreten. Patrick betont: Wenn ihr auf Leute trefft, die euch beschimpfen, die Jagd als »unmenschliche Grausamkeit« bezeichnen, geht darauf nicht ein, lasst euch auf keine Diskussion ein. (»Le mieux c'est de ne pas répondre.«) – es sei gänzlich sinnlos zu widersprechen, man könne Jagdgegner nicht umstimmen. Das löst leises Lächeln bei mir aus – ich werde umgehend zurechtgewiesen: »C'est pas à rire!« Da gibt es nichts zu lachen!

Draußen, beim Toyota-Jeep: Romain Charbon lässt die Bracken aus dem Wagen springen, sie rasen nahe dem Wagen hin und her, überdreht vor Glück. Die Jäger ziehen spezielle Hosen und Stiefel über, meine dunkelbraune Paul-Smith-Cordsamthose und die einfachen Wanderschuhe sind für das Terrain denkbar ungeeignet. Romain bietet mir ein Paar Stiefel an, Größe 44, meine Füße würden darin schwimmen, ich kann sie nicht verwenden. Er reicht mir eine orangene Windjacke, die muss ich tragen, wie alle anderen Jagdteilnehmer auch.

Ein Gemeinschaftstruck befördert mich an den Ausgangspunkt der ersten Hetzjagd. Mit sieben, acht Männern sitze ich in einem finsteren Laderaum, man transportiert uns wie Soldaten, die an die Front abkommandiert worden sind.

Wildes Gebell überall, fast alle sind mit ihren Hunden gekommen. Und dann geht es los: Man durchstreift den Wald dort, wo es keinerlei Wege gibt, schlägt sich mit größter Mühe durch dichteste Brombeerbüsche mit ihren tausend Dornen. Bin an Armen und Beinen bald stark zerkratzt, die untere Hälfte des rechten Hosenbeins ist zerrissen, das Gesicht muss andauernd vor zurückschnellenden Ästen geschützt werden. Die Erschöpfung ist groß, immer wieder denke ich: Ich kann nicht mehr, muss stehen bleiben, umdrehen. Ich habe nie Militärdienst geleistet, komme mir beim Durchforsten des hügeligen Unterholzdickichts wie in der Grundausbildung vor, die ich nie hatte, wenn nicht gar wie im Kriegseinsatz. (In der Zeit des Vietnamkrieges schützte mich ein angeborener Herzfehler: Ich wäre sicherlich nicht eingezogen worden.)

Die Urschreie der Treiber, denen ich jetzt angehöre: »Hééééh! Hééééh! Hééééh!« Immer wieder: »Hééééh! Hééééh! Hééééh!« Warum mache ich mit? Warum tue ich mir das an? Was will ich mir damit beweisen? Was habe ich hier verloren? Nur ein Mal, im Gefängnis von Lakewood, habe ich jemals ähnlich heftige Heimatlosigkeit empfunden.

Es ist neblig, man eilt immerfort geradeaus, durch das Gestrüpp, über unwegsames Gelände – wie gejagtes Wild. Das

Wild aufscheuchend, es vor die Gewehre der vierundzwanzig auf den Hochständen wartenden Jäger treibend. Erste Schüsse sind zu hören. Neben mir geht einer der Männer mit einem Karabiner bewaffnet einher, für den Notfall, denn zuweilen kann es passieren, dass erschrocken aufpreschende Wildschweine die Treiber attackieren. Ich falle hinter Romain zurück, an dessen Seite ich losgezogen war. Weder sieht er sich je nach mir um, noch wacht er beschützend über mich.

Die Schreie, um das Wild zu ängstigen, aufzuscheuchen, aber auch, um mit den anderen, die oft im Dickicht verschwinden, Kontakt zu halten. Um niemanden aus den Augen und Ohren zu verlieren. Dazu kommt das Blasen in die Jagdhörner, die fast jeder der Männer geschultert trägt. Und das Läuten von Glocken, die sie an ihren Gehstöcken und Schlagstäben festgemacht haben. Kakophonie eines Drei-, Vierklangs: Schreie, Hörner, Gebell und Glöckchen … Wenn die Männer in die Hörner blasen: ein ganz ähnliches Hörerlebnis wie Rosh Hashanah, wenn der Vorbeter mit dem Schofar, dem gewundenen Widderhorn, mehrmals am Tag das jüdische Neujahr ausposaunt; sein Klang soll Weckruf sein, ein Aufruf, alle Kräfte zu sammeln, sich auf das Entscheidende in seinem Leben zu konzentrieren. Ich schließe die Augen, hier, inmitten des Forêt de Sénart, bei der Wildschweinjagd, und sehe mich in eine Prager, Wiener, Pariser, Jerusalemer Synagoge versetzt.

Am Ende der ersten »Battue«: ein Gabelfrühstück mit Käse und Obst, es gibt auch Marmelade-Crêpes und reichlich Schweinefleisch, das ich nicht anrühre. Nach der »Deuxième Battue«, der zweiten Hetzjagd, eine Stunde Pause. Romain Charbon erwähnt gegenüber einer größeren Gruppe, die ihn umringt, seine jüngsten Jagdabenteuer in Spanien, nahe Cordoba; mehrmals sei er auch in Burkina Faso gewesen, um dort wilde Büffel zu erlegen. Die Gespräche der Männer kreisen eigentlich immer nur um Jagdabenteuer in ihrer Vergangenheit. Was man wo, wie erschossen hat. Jägerlatein. Bis auf einen älteren Mann, der lautstark verkündet, er sei zwar streng katholisch aufgewachsen, aber für ihn sei mittlerweile kein Zweifel mehr möglich: »Es gibt Ihn nicht.«

Ich vergewissere mich, richtig verstanden zu haben: »Wen gibt es nicht?«

»Gott.«

Die nächste Battue erweist sich als weit anstrengender als die beiden vorangegangenen, man kriecht auf allen vieren durch die Brombeerbüsche. Romain dreht sich auch diesmal nicht nach mir um, um zu sehen: alles okay? Lebt mein Gast noch? Ich rufe ihn, fünf-, sechsmal. Keine Reaktion. Er hört womöglich schlecht?

Mehrere Schüsse in unmittelbarer Nähe. Und wenn man aus Versehen *mich* träfe? Welch absurder Tod das wäre, ein goyischerer Tod – kaum vorstellbar. Sehe nicht viel Wild, während der gesamten Jagd. Zwei fliehende Rehe, drei laut aufflatternde Fasane. Erst im Verlauf der dritten Battue ein Wildschwein, von rechts nach links vorbeirasend, ziemlich klein, vielleicht hat es überlebt. Stoße kurz danach auf ein totes, ebenfalls kleines Wildschwein, seine Gedärme quillen hervor, aber das ist hoffentlich ein anderes Kleines, das da liegt! Das Bild hervorquillender Gedärme sehe ich bei mehreren erschossenen Tieren, diese Zerstörung der Körper – die Einschusswunde klein, kaum zu sehen, erst der Austritt des Projektils verursacht extreme Verletzungen.

Als es dunkel wird, um fünf Uhr nachmittags, endet die dritte Battue. (Ich hatte gedacht, die gesamte Jagd würde höchstens vier Stunden dauern, war mittags in der Stadt verabredet, konnte das Rendezvous nicht absagen, es gab im Wald keinen Empfang.) Jetzt sind alle erschöpft, auch die Hunde, das Gebell hat aufgehört: Die Tiere schlafen fest. Endlich fährt ein roter Lieferwagen zur Faisanderie zurück, ich sitze mit zehn Männern und ihren Hunden beisammen. Der Gestank der nassen Hunde ist kaum zu ertragen.

Vor dem Eingang zur Faisanderie: Blut, viel Blut auf dem Asphalt – und im Innenhof findet das sogenannte *Tableau* statt, das Pendant zum deutschen Jagdbrauch der *Strecke* oder Tagesstrecke: Die Gesamtzahl der an diesem Tag erlegten Tiere wird in Reih und Glied im Hof ausgebreitet. Ein grässliches Bild, aber stört und degoutiert es mich? Nein, nicht wirklich. Wie kann das sein? Obwohl überall Blut in den Boden sickert und die noch dampfenden Innereien aus den aufgeschlitzten Bäuchen herausgeholt werden. Auf dem Tableau liegen siebzehn Wildschweine verschiedener Größe sowie sieben Rehe – und ein Fuchs. So ein schönes, kleines Tier. Monsieur Charbon taucht neben mir auf. »Il sera mis à la poubelle, après, le renard.« Das Füchslein werde nachher in einen Abfalleimer geworfen.

Zum Abschluss der Jagd hält der »Directeur« nochmals eine kurze Rede, nennt die exakte Zahl der abgegebenen Schüsse, im Verhältnis zur Zahl der erschossenen Tiere: »2,5 balles par animal tué.« Es habe durchschnittlich zwei und einer halben Kugel pro Tier bedurft: »Ce n'est pas génial, mais acceptable« – das sei zwar nicht genial, wie er hinzufügt, aber annehmbar. Wie ein »Befriedigend« in meiner Wiener Schulzeit, ein »Dreier«.

Wie rasch danach die getöteten Tiere in einer angrenzenden Halle von drei Metzgern, darunter Romain, in Einzelstücke zersägt, zerschnitten, zerlegt werden: ein Schlachtraum unter Neonlicht, das kalt von der Decke strahlt, in dem die Wildschweine und Rehe den Kopf nach unten an Haken hängen, die weit aufgerissenen Augen sehen lebendig aus. Das Blut fließt in schmalen Rinnsalen auf den kalten, mit braunschwarzen Wildschweinborsten bedeckten Betonboden.

Während die drei Metzger ihrer Arbeit, dem Zersäbeln, nachgehen, nimmt die Jägertruppe in der Nähe, auf der Wiese vor der Faisanderie, einen Champagner-Apéritif zu sich. Die Stimmung ähnelt durchaus einer Hochzeitsgesellschaft, am Vorabend der Trauung des jungen Paares. Ob er je daran gedacht habe, Politiker zu werden, frage ich den »Directeur«. Er habe das Charisma, die natürliche Autorität, ein wenig Humor sogar, mithin alles, was man für den Beruf benötige. Patrick winkt ab: Dafür würde ihm die Geduld fehlen – und die Korruption des Systems sei nicht zu umgehen, »da wird man doch unweigerlich hineingezogen«. Für ihn, den Förster, komme das nicht in Frage.

Ich kehre zu Romain zurück, der noch beim Tierezerlegen verweilt. Die Teilstücke verschwinden in großen Plastiksäcken, einige Nicht-Jäger tauchen auf, kaufen Wildschweinteile und Rehfleisch für teures Geld. Romain behält zwei ganze Rehe für sich, er wird sie in seiner Aligre-Boutique verkaufen, im Verlauf der nächsten Woche. Die verbliebenen Plastiksäcke mit Fleischinhalt sollen später unter den Jägern verteilt werden, Charbon bietet mir als Geschenk des Tages eine ganze Wildschweinkeule an, ich lehne dankend ab.

Im größten Saal der Faisanderie gibt es zum Abschluss ein Abendessen für alle Beteiligten. Die fünfzig Jäger und Treiber sitzen dicht gedrängt an zwei langen Tafeln. Neben mir ein Mann im Rollstuhl, er half beim Absperren des Jagdgebiets und dem Anbringen von Warntafeln mit. Er erzählt, glücklich verheiratet zu sein, einen guten Job zu haben – er arbeitet in der Administration einer Bank – und sich ganz allgemein des Lebens zu erfreuen. Etwas, was die meisten Menschen nicht können, seiner Meinung nach.

»Warum im Rollstuhl?«, wage ich zu fragen.

»Depuis le mai 1968!«

Er wurde während der wochenlangen Unruhen ein Opfer der brutalen Polizeieinsätze, denke ich sofort. Doch weit gefehlt: Es geschah in der nördlichen Küstenstadt Dieppe, er war viereinhalb Jahre alt, als ihn ein Lieferwagen überfuhr. Der Chauffeur einer Fischverarbeitungskooperative kam mit einer Strafe von 690 Francs Français davon, das entspricht in heutiger Währung rund 100 Euro.

Unsere Rückfahrt in die Stadt, zwölf Stunden sind seit der Ankunft im Forêt de Sénart vergangen. Beim Verlassen des Waldes: eine elektrische Schranke. Ich empfinde den Übergang aus der Welt der Jagd zurück in die Alltagswelt als besonders *dépaysant*, wie es im Französischen heißt – ein intensives Gefühl der Fremdheit verursachend. Befremdlich, verunsichernd, verwirrend, aber auch aufregend neu, all das schwingt im Wort *dépaysant* mit. Und die mittlere Silbe, *pays*, sie steht für das Land. Für den Heimatboden.

Ein bulliger Fleischhauer sitzt auf der hinteren Bank des Jeeps. Wir bleiben eine Minute vor seinem Wohnhaus stehen, auf halber Strecke. Die Hunde Iris und Dune sind ganz still, sicher schlafen sie. Wir fahren weiter, ich biete – als der Ältere von uns beiden – Romain Charbon das Du an. Das komme für ihn nicht in Frage, entgegnet er, ich möge ihm deswegen nicht böse sein. Ich bin ihm absolut nicht böse.

»Aber warum?«

»Sie sind Kunde. Mit meinen Kunden bin ich niemals per Du. Aus Respekt. Das geht einfach nicht.«

»Sie meinen: Kunden gehören zu einer anderen Welt?«

»So ist es.«

»Verständlich.«

»Sie wirkten etwas unglücklich während der Jagd, oder irre ich mich?«, will Monsieur Charbon wissen. »Darf ich Sie daran erinnern, dass Wildschweine viele Städte in Europa bedrohen, dass sie in bestimmten Gegenden, Gott sei Dank nicht im Fôret de Sénart, extrem gefährliche Krankheitsträger sind, außerdem Schuld an tausenden Autounfällen, dass sie jedenfalls eine Pest sind, schlimmer als die Rattenpest.«

Wir erreichen den Stadtrand, er setzt mich an der Porte de Vincennes ab, ich schleppe mich zur nächsten Metrostation. Mit zerfetzter Hose, zerzaustem Haar, den in Mitleidenschaft gezogenen groben Wanderschuhen sehe ich unweigerlich wie ein Obdachloser aus. Zu Hause erwarten mich Frau und Tochter in übelster Laune. Sie sei *disgusted*, lässt Dylan mich wissen, dass ich tatsächlich an einer Jagd teilgenommen hätte. Warnt mich, ihr nur ja kein Wort davon zu erzählen, vor allem aber: ihr kein einziges Foto zu zeigen. Ich versinke in der Badewanne, die vielen Kratzwunden brennen heftig. Schlafe trotzdem im heißen Wasser für Augenblicke ein. Lege mich sofort ins Bett, erschöpft wie kaum je zuvor, um halb zehn Uhr abends, am Ende dieses dornenreichen Tages.

Die Stadt trägt Trauer

Sirenengeheul an den Rändern des Schlaraffenlandes. Wir sind früh schlafen gegangen, um sechs Uhr morgens soll Zoe einen Zug nach London nehmen. Aus allen Himmelsrichtungen immer neues Sirenengeheul. Undenkbar einzuschlafen. Nach zehn, auch nach fünfzehn Minuten noch andauerndes Sirenengeheul. Es muss etwas passiert sein.

Ich stehe auf, wie so oft in Sorge um Dylan, die an diesem Freitagabend in der Stadt unterwegs ist. Das Handy blinkt: zwei verpasste Anrufe von Gaston, drei weitere von Freunden, die keine Nachricht hinterlassen haben. Ich schalte das Fernsehgerät ein. Zoe stöhnt, sie müsse doch schlafen: »Bitte, stell das ab!« Die Stadt ist in Aufruhr. Innerhalb der letzten Stunde wurden mehrere Café- und Bistroterrassen von einem bewaffneten Kommando überfallen, es gibt Tote zu beklagen.

Dylan reagiert auf keinen Anruf. In Minutenabständen versuche ich, sie zu erreichen. Eins der betroffenen Lokale liegt in großer Nähe zum marché d'Aligre, an der rue de Charonne, Ecke rue Faidherbe. Meine Angst steigt ins Unerträgliche, unregelmäßiges Herzklopfen vergrößert die Panik noch. Ein nagendes Gefühl in den Schläfen, Wangen, den Schultern, ein Flattern im Bauch. Endlich meldet sich Dylan. Nahe der Place de la République sperren Feuerwehr, Polizei und Gendarmerie gerade alle Straßen ab. Man hört im Hintergrund Rufe, Schreie der Beamten; sie befehlen jedem, der auf den

Trottoirs anzutreffen ist, augenblicklich Schutz zu suchen. Dylan zieht sich in ein kleines indisches Restaurant zurück. Sie warnt mich: »Sorry, meine Batterie ist am Ende.«

»Du bist hoffentlich nicht allein unterwegs?«

»Ich bin allein.«

»Sag mir, wo ich dich finde, ich komm dich holen!«

»Du kannst da nirgends durch. Vergiss es!«

Zoe ist inzwischen aufgestanden, stumm verfolgen wir die Nachrichten. In einem großen Konzertsaal, am Boulevard Voltaire, in unmittelbarer Nähe der Place de la République, wo Dylan in einem Lokal Zuflucht gefunden hat, kommt es offenbar zu Schießereien. Explosionen sind zu hören, noch ist unklar, was genau geschieht. Wir beruhigen uns gegenseitig: Sie ist in Sicherheit, auch wenn im Moment kein Kontakt zu ihr möglich ist.

Unerträglich langsam verstreichende Stunden später, um ein Uhr früh, stürmen Spezialeinheiten der Polizei das Bataclan, in dem drei Männer in der Zwischenzeit ein Massaker angerichtet, mehr als hundert Konzertbesucher getötet haben: an einem Freitag, den 13., während eine kalifornische Band, die sich ›Eagles of Death Metal‹ nennt, gerade ihren Song ›Kiss the Devil‹ spielten. »I'll love the devil! I'll kiss his tongue! I will kiss the devil on his tongue!«, plärrten sie in den gut besuchten Saal, als das Gemetzel begann.

Dylan meldet sich, sie konnte ihren Apparat aufladen. Die Restaurantbesitzer nahmen sie in ihrer Wohnung auf, am Boulevard Parmentier. Niemand darf das Viertel verlassen, niemand es von außen betreten. Zwei Stunden vor Abfahrt des Zuges nach London die Benachrichtigung: Alle Bahnverbindungen von und nach Paris bleiben bis auf weiteres storniert. An Zoes Reise ist ohnehin längst nicht mehr zu denken.

Um acht Uhr morgens weckt mich die Drehung eines Schlüssels in der Eingangstür. Wir stürzen aufeinander zu. Mutter und Tochter weinen nicht; ich lasse mir meine Tränen nicht anmerken.

Der Aligre bleibt am Morgen nach den Attentaten menschenleer: Kein Stand hat geöffnet. Die Halle ist abgesperrt, der Flohmarkt ausgestorben. In den dreißig Jahren, die ich den Markt besuche, ist Ähnliches niemals vorgekommen.* Hamza irrt umher, wie ein aufgescheuchter Hirsch. Er hat in dieser Nacht nicht geschlafen. Wir besuchen das einzige Café, das offen hat, ›La Grille‹ an einer der Ecken des Place d'Aligre. Omar, der marokkanische Wirt, begrüßt seine Gäste immer überschwänglich. An diesem Morgen schlägt er die Augen nieder, als wir eintreten, bleibt wortlos.

Auch Hamza bringt zunächst keinen Ton heraus. Ich bin seit ein paar Tagen unrasiert, nach langer Pause sagt er plötzlich: »Hätte ich Bartstoppeln wie du, man würde mich heute sofort verhaften.« Und dann bricht es aus ihm heraus: »Ich schäme mich für meine Glaubensbrüder. Das hat mit unserer Religion nichts zu tun, einer Religion der Liebe, der Nachsicht. Das sind keine Menschen, die das getan haben. Das waren ferngelenkte Automaten, die mir meine Religion rauben wollen. In meinen Videospielen gibt es solche Schießereien, aber doch nicht in der Wirklichkeit! Ich ahne, was die Folge sein wird: Kunden kaufen nicht mehr bei uns ein, weil sie denken, das ist einer von denen! Dabei ist nichts abwegiger,

* Während der Covid-19-Pandemie 2020 blieben alle Straßenstände, die große Halle von Beauvau, der Flohmarkt, sowie die acht Cafés rund um den marché d'Aligre für Monate geschlossen.

das weißt du doch! Ich halte die religiösen Gesetze ein, die Speisegesetze, ich faste im Ramadan, aber nichts liegt mir ferner als diese Mordbanden! Die nächsten Wochen und Monate werden schwer sein für meinen Vater, meine Brüder, mich.«

Ich gebe zu: Ich werde aus Metrowaggons aussteigen, sollte mir dort in nächster Zeit ein junger, verschwitzter Mann auffallen, der womöglich auch noch einen Rucksack bei sich hat und nervös um sich blickt. Insbesondere, wenn es ein junger Mann maghrebinischer Herkunft ist …

»Es kann genauso eine junge arabische Frau sein, von der die Gefahr ausgeht«, sagt Hamza. »Ich kenne leider ein Mädchen, das bereit wäre, sich inmitten einer Menschenmenge in die Luft zu sprengen.«

»Da musst du etwas unternehmen. Du kannst sie nicht unbehelligt lassen! Nicht nach dem, was heute Nacht passiert ist.«

»Keine Sorge. Längst geschehen.«

»Hast du ihren Namen der Polizei gemeldet?«

»Es gibt andere Methoden …«

»… über die du nicht sprechen darfst?«

»Nicht im Traum …«

Sylvain, ein kleiner, drahtiger Bursche, der zuweilen in der Markthalle als Aushilfsverkäufer beim teuersten Gemüse- und Obststand jobbt, an Tagen, an denen er nicht als Trainer im Fitnessstudio an der Bastille arbeitet, betritt das Café. Er ist Franzose aus der Provinz, kein Tropfen arabisches, afrikanisches, asiatisches Blut fließt in seinen Adern.

»Ihr seid derselben Meinung wie ich, stimmt's?«, fragt er.

»Welcher Meinung, glaubst du, sind wir?«, gebe ich zurück.

»Dass das Ganze vom Staat gesteuert ist: um den Hass zwischen Menschen verschiedener Herkunft zu schüren. Das waren doch Agenten des Geheimdienstes, die das gestern angerichtet haben. Und keiner von den Angreifern ist in Wirklichkeit tot, versteht sich. Alles Theater. Kein Wort wahr. Wie die Sache mit den Türmen in New York. Auch vom Staat organisiert: damit man in den Krieg ziehen konnte. Aber jeder Idiot fällt darauf rein, auf der ganzen Welt, nur Leute wie ich nicht, die wir unsere Informationen aus dem Darknet holen …«

Ich möchte Sylvain ins Gesicht schlagen, kann mich kaum beherrschen. Hamza bemerkt es. »Komm, wir gehen«, ruft er, bezahlt rasch und schiebt mich aus dem ›La Grille‹ auf die ausgestorbene Straße hinaus, um neun Uhr morgens.

An einer der Aligre-Ecken steht Julien, der Bettler, der alle paar Wochen hier auftaucht. Ich nenne ihn den Wetterfrosch; jedes Mal, wenn man ihm einen Euro zusteckt, skizziert er unaufgefordert und mit tiefer schnarrender Stimme die Großwetterlage: »Regen heute Nachmittag, man sieht die Regenwolken bereits aufziehen, Schnee morgen, der nicht liegen bleiben wird … Sonne übermorgen, eine Kaltfront zieht auf. Und es bleibt ungewöhnlich kalt für die Jahreszeit …« Seine Vorhersagen treffen nahezu ausnahmslos zu. Manchmal vermeint man, undefinierbare Lautsprecherdurchsagen von dem nahe gelegenen Gare de Lyon herüberwehen zu hören, auch eine stampfende, klirrende, schnaufende Lokomotive scheint scheppernd auf den Gleisen verschoben zu werden. Bis Julien auftaucht – da erst begreift man, dass er die Quelle des Getöses ist. Er hält die gewölbte rechte Hand vor den Mund, um den Schalleffekt zu vergrößern, zu verfremden, marschiert raschen Schrittes, wie von fremden Mächten gesteuert, durch die Straßen im Umfeld des Markts, ohne sich je umzublicken, mit dem immergleichen Seesack auf dem Rücken. Bleibt schließlich an jener Ecke stehen, wo ich ihm auch an diesem Tag begegne: vor dem Eingang zur Buchhandlung ›Les Terrasses de Gutenberg‹, Ecke Emilio Castelar und rue de Prague. Er gibt dieses Mal keinerlei Wettervorhersage von sich, fragt in abgehackten Sätzen, was denn heute los sei, der Aligre komme ihm so leer vor? Er hat von den Ereignissen der Nacht nichts mitbekommen, reagiert nicht allzu überrascht, als er erfährt, was geschehen ist, hört nur mit halber Aufmerksamkeit zu, bevor er krächzend zu bedenken gibt: »Jeden Tag sterben weltweit viele Menschen.«

Die Tage und Wochen danach: Am marché d'Aligre kennen mehrere Händler Leute, die bei den Anschlägen umgekommen sind, andere wiederum wissen von Kunden, deren Verwandte oder enge Freunde ermordet wurden. Die dicken, speckigen, dunkelgrünen Abdeckplanen, mit denen man die Marktstände einhüllt und zur Straße hin abschließt, wurden überall angeschnitten, sie enden jetzt einen Meter über dem Asphalt. Damit man unter alle Verkaufstische blicken und sicherstellen kann, dass dort niemand eine Bombe versteckt hat.

Die Stadt trägt Trauer, die beheizten Café- und Restaurantterrassen, die Märkte, Parks, Museen und Warenhäuser aber, all jene Orte, an denen Menschen in großer Zahl zusammenkommen, sind besser besucht denn je. »Uns schüchtert niemand ein!«, ruft man einander zu. Auf Plakatwänden, Häusermauern, in städtischen Werbekästen taucht überall der offizielle Wappenspruch von Paris aus dem Jahr 1853 auf: ›Fluctuat nec mergitur‹, sie schwankt, aber sie geht nicht unter.

Attentate

Zweiundfünfzig Jahre vor den Attentaten von Paris erwachte ich eines Novembermorgens in meinem Modenaparkzimmer von lauten, unartikulierten Rufen aus dem angrenzenden Elternschlafzimmer. Ein Samstag, sehr früh, Vater war auf Reisen, Mutter schlief an Wochenenden bis spät in den Vormittag hinein, noch länger, wenn sie mit mir allein war.

»Komm, bitte, komm zu mir!« Ihre Stimme klang fremd an diesem Morgen. »Leg dich zu mir«, flüsterte sie, als ich eintrat. Ich fürchtete, sie sei plötzlich schwer krank geworden.

»Mom! Was ist mit dir …?«

»Ich war gestern Abend … mit der Greta und Raymond Larcati, dem Opernsänger, du weißt, wen ich meine?, in der Halle vom Hotel Sacher. Wir hatten einen *so* lustigen Abend. Bis die Nachricht kam.«

»Welche Nachricht, Mom?«

»Der Kennedy ist erschossen worden.«

Ich war in meinen Präsidenten verliebt. Geradezu *verschossen*. Ich hielt ihn für den schönsten, klügsten, edelsten Mann auf Erden. Ein Schwarz-Weiß-Foto, sorgfältig aus dem Time Magazine ausgeschnitten, klebte an der dünnen, beigen Strohverkleidung neben dem Bett, direkt unter der überlebensgroßen Diana Rigg in ihrem orangenen Kampfanzug. Ich besaß als Elfjähriger keinen eigenen Pass, war noch bei der Mutter eingetragen, aber John Fitzgerald Kennedy erfüllte mich mit

Stolz, amerikanischer Staatsbürger zu sein. Vermittelte mir Sicherheit, Zugehörigkeitsgefühl, Stabilität. Vater sagte: Aufbruchstimmung, ein Neubeginn, ein kluger junger Mensch an der Spitze der Vereinigten Staaten. Er sagte: Du wirst sehen, mit Kennedy wird alles besser, viel besser: Endlich hört das unerträgliche Wettrüsten auf.

»Erschossen? Von wem? Warum? Wie geht es ihm?«

»Er ist tot.«

»Tot? *Kennedy*? Wer hat ihn getötet?«

»Ein Verrückter.«

»Bist du sicher, dass er tot ist?«

Sie begann zu weinen. »Ich bin sicher. Bleib bei mir. Bitte, geh heute nicht in die Schule …«

Wien wurde in den folgenden Tagen schwarz beflaggt; jedes öffentliche Gebäude, auch mein Gymnasium, trug Trauerflor. Ich bemalte zehn oder mehr DIN-A4-Blätter Papier beidseitig mit schwarzer Wasserfarbe, klebte die Bögen aneinander und befestigte das lange Band mit Paketschnur am Terrassengeländer im sechsten Stock. Eine Woche lang flatterte meine selbst gebastelte Trauerfahne in Wind, Regen und erstem Schnee, bis von ihrer Farbe kaum noch etwas zu erahnen war.

Wir besaßen keinen Fernsehapparat. Im ersten Monat nach dem Attentat ging ich an mehreren Nachmittagen ins Wochenschaukino O. P., Ohne Pause, am Wiener Graben. In Endlosschleifen immer wieder dieselben Bilder. Dallas, Texas: die Ankunft von Jack und Jackie am Flughafen, der Beginn der Fahrt in offener Limousine, bis hin zum Amtseid des Vizepräsidenten im Innern der Air Force One, die den Sarg anschließend nach Washington fliegen sollte. Jackie trug noch das blutbefleckte Kostüm. Der Mord an Kennedys Mörder, zwei Tage nach dem Attentat, im Keller des Dallas Police Departments, auch das war in der Wochenschau zu sehen, und die große Trauerfeier in Washington, das Begräbnis auf dem Nationalfriedhof in Arlington.

Die Tragödie erschütterte und verunsicherte mich. Wie konnte jemand so mächtig, jung, reich, erfolgreich, innerhalb von Sekunden ausgelöscht werden? Existierte dann überhaupt noch irgendwo ein Hauch von Sicherheit?

Mutter schwärmte von Raymond Larcati. Er sei so hübsch, er sei so lieb zu ihr. Damals sehr berühmt, probte der Bassbariton seit einigen Wochen den Don Giovanni an der Wiener Staatsoper. Greta Keller, Mutters Verbündete aus Hollywooder und New Yorker Vergangenheit, eine Chansonsängerin, deren Stimme ihrer Tiefe wegen mit jener Marlene Dietrichs verglichen wurde, hatte die beiden einander vorgestellt.

»Keine Angst, er liebt nur Männer«, versuchte Mutter, mich zu beruhigen.

»Das verstehe ich nicht.«

»Das ist auch schwer … zu erklären. Männer, die nur Männer küssen.«

»Er küsst keine Frauen?«

»Nur auf der Bühne. Und mir küsst er nur die Wangen. Oder die Hand. Küss die Hand!«

»Das verstehe ich nicht. Warum?«

»In ein paar Jahren wirst du besser verstehen, was ich meine.«

»Du kannst es mir doch jetzt erklären. Ich bin doch nicht blöd.«

»Ich wollte nur, dass du dir keine Sorgen machst, wenn Vater auf Reisen ist. Raymond hat mich einfach nur sehr gerne.«

»Ich mach mir keine Sorgen. Ich will nur verstehen, was du meinst …«

Nach Raymonds Opernpremiere, zu der Mutter eine Freikarte bekommen hatte, fand ich frühmorgens vor meiner Zimmertür eine Notiz: »Hätte dir gern in der Nacht ALLES erzählt. Wäre unmöglich gewesen. Du dort. Ich mit Polizeipräsident in der Loge. Kein einziges Kind. Riesenerfolg für Raymond, sonst enttäuschend. Danach mit Curd Jürgens ins Lokal Linde, Rotenturmstraße. Um halb eins kommt plötzlich Raymond zu uns an den Tisch, die hatten dort Premierenfeier. Er war so schüchtern, entzückend. Ich hab zu ihm gesagt: ›Das war heute Ihr ganz persönlicher Erfolg.‹ Er war mir so dankbar. Er will dich kennenlernen.«

Janina, das polnische Hausmädchen, kochte mein damaliges Lieblingsgericht. Im Rückblick erscheint mir unbegreiflich, wie ich je so etwas essen konnte: Kalbszunge an süßer Rosinensauce. Raymond war zum Mittagessen eingeladen, auch er schien das Aufgetischte sehr zu mögen. Mutter gab Erinnerungen an ihre Jahre in Amerika zum Besten, woraufhin er von seinem leiblichen australischen Vater sprach, den er kaum gekannt hatte und der verstarb, als Raymond ein Kind war. So lange er sich zurückerinnern könne, erzählte unser Gast, fühle er sich nirgendwoüberall zu Hause: »Ich spreche sieben Sprachen und finde mich everywhere on earth sofort zurecht. In Algerien ebenso gut wie in Hamburg oder Paris oder New York. Am liebsten lebe ich in all those places in Hotels, ich will mich nicht festlegen lassen: Hier gehörst du hin, hier bist du Staatsbürger. Ich besitze weder eine Wohnung noch ein Haus, noch einen Garten. Ich bin immer unterwegs, ich habe immer Heimweh nach einem Ort, an dem ich gerade nicht bin. Und bin ich dort, zieht es mich augenblicklich wieder in die Fremde, in die Ferne. To new horizons.«

Nach dem Lunch wollte er mit uns im Burggarten spazieren gehen. In unserem großen, grünen Daimler Automatik, der im Inneren wunderbar nach Holz und Leder duftete, kutschierten wir den Ring entlang. Raymond und ich saßen nebeneinander auf dem Rücksitz, Mutter am Steuer. Und dann geschah etwas, was mir höchst sonderbar vorkam. Blicke ich heute auf diesen Moment zurück, fällt es mir nicht leicht, Mutters Motivation zu durchschauen. Sie ließ uns allein im Wagen sitzen, am Rand des Burggartens, nahe dem Palmenhaus. Im Parkverbot, das Abschleppwarnschild war nicht zu übersehen. Sie komme gleich wieder, habe rasch etwas zu erledigen. Es war nicht besonders kalt an jenem Nachmittag, aber wir blieben im Wagen sitzen, wollten vorläufig nicht an die frische Luft. Raymond fragte mich, warum ich so traurig wirke. Es war mir nicht aufgefallen, ich suchte nach einer Erklärung. Murmelte nur: »Vielleicht wegen Kennedy. Das geht mir sehr nah. Ich habe ihn … geliebt. Sehr sogar.«

»Das kann ich gut verstehen«, sagte Raymond. »What an amazingly kind man. Ich erzähl dir eine Geschichte, damit du siehst, wie alles mit allem verknüpft ist auf der Welt. Sowohl Kennedy als auch Abraham Lincoln wurden an einem Freitag ermordet. Beide durch Kopfschüsse. Kennedy ist genau hundert Jahre nach Lincoln Präsident geworden: Lincoln 1860, Kennedy 1960. Bei beiden heißen die Nachfolger im Amt Johnson. And they were born a hundred years apart: 1808 and 1908 respectively. Lincolns wichtigste Sekretärin trug den Nachnamen Kennedy. Kennedys wichtigste Sekretärin hieß Lincoln. Lincoln wurde im Ford's Theatre erschossen, Kennedy in einem Lincoln, den die Firma Ford herstellt. Abraham Lincoln wurde in einem Theater ermordet, und sein Attentäter floh und versteckte sich in einem Lagerhaus. Kennedy wurde von einem Lagerhaus aus getötet, und sein Attentäter floh und versteckte sich in einem Theater …«

»In einem Kino allerdings«, gab ich besserwisserisch zu bedenken.

»Aber was sagst du zu dieser Zufallskette?« Er griff nach meiner Hand. »Es gibt mehr solch kleine Details, wenn du sie hören willst!«

Raymonds Geschichte amüsierte, interessierte, erstaunte mich. In dem Alter weiß man noch nicht, wie man seinen Gefühlen am besten Ausdruck verleiht. Ich bekam Herzklopfen. Zog die Hand zurück. Wunderte mich, wo Mutter so lange blieb. Hatte sie nicht gesagt, sie käme gleich zurück?

»Das freut mich *so*, dass ich dich kennenlernen darf«, fuhr Raymond fort, »du bist ein besonders lieber, hübscher Bub. So eigenartig, wie Menschen in Kontakt kommen. Ich sage immer: Die Mär von den six degrees of separation zwischen allen Bewohnern des Planeten ist gänzlich falsch. Die Theorie besagt, dass jeder Mensch mit allen anderen Menschen auf der Welt über eine sensationell kurze Kette von Bekanntschaften verbunden ist. Ich habe immer wieder die Erfahrung gemacht: Es sind meist nur two degrees of separation. Das wirst du erleben, wenn du größer bist. Da wirst du immer an mich denken. In unserem Fall war es meine vielgeliebte Greta, die mich mit deiner Mom zusammengebracht hat …«

Ein älterer Polizist näherte sich dem Auto. Salutierte, verlangte, dass wir das Fenster öffneten. »Sie stehen im absoluten Parkverbot!« Der Abschleppdienst sei angefordert. Das täte uns leid, gaben wir zurück, wir hätten leider den Zündschlüssel nicht, aber die Besitzerin des Autos könne nicht allzu weit entfernt sein. Der Polizist begann, einen Strafzettel auszufüllen, stutzte kurz, als er das niedrige Nummernschild entdeckte, W 1578, kritzelte dennoch weiter. Mutter tauchte plötzlich im Laufschritt auf, empört: Sie sei doch die Schwägerin des Pressesprechers des Polizeipräsidenten, ob dem Herrn Inspektor das niedrige Nummernschild denn nicht aufgefallen sei? Er ließ sich nicht beirren, händigte ihr das Strafmandat aus und bestellte – über ein Walkie Talkie – den Abschleppwagen ab.

Warum aber ließ uns Mutter fünfzehn Minuten lang allein auf dem Rücksitz des Daimlers hocken? Was dachte sie sich dabei? Hoffte sie, ihr Hausfreund werde sich mir nähern, träumte sie von einem Sohn, der ihr in Zukunft niemals untreu werden, keiner Frau je zum Opfer fallen würde? Der Spaziergang, den Raymond mit uns hatte machen wollen, fand nach diesem Zwischenspiel jedenfalls nicht mehr statt; Mutter chauffierte Raymond Larcati vor das Portal des Hotels Imperial. Ich habe ihn niemals wiedergesehen.

Die Unersättliche

Aus einer der fünf Mülltonnen, die unmittelbar neben der Benne, einem kolossalen, dunkelgrünen Abfallvernichtungscontainer, abgestellt sind, fische ich eine halb zerrissene Erstausgabe des Buchs ›Abraham Lincoln – Sa Naissance, Sa Vie, Sa Mort‹, von Achille Arnaud, erschienen 1865, in Paris. Sehe das zum ersten Mal: An diesem kalten Dezembermorgen sind sie bis oben hin angefüllt mit Tausenden Romanen, Biographien, Enzyklopädien, Atlanten, Zeitschriften, mit gebundenen Büchern und Taschenbüchern in Französisch, Spanisch, Englisch, Deutsch, die der Flohmarktverkäufer Monsieur Donatelli in den letzten Monaten nicht absetzen konnte. Unter größter Kraftanstrengung wird der Inhalt der mit Büchern gefüllten Tonnen von vier Müllwerkern in den Pressraum der Benne gekippt, als seien es verfaulte Tomaten. E. L. Doctorows ›The Book of Raymond‹ versinkt in der Masse, und François Mauriacs ›Le Noeud des Vipères‹, Georges Simenons ›Maigret à New York‹, Winston Churchills Memoiren Band III. Ich lasse sie untergehen, erwische gerade noch die Ausgabe eines LIFE Magazines, vom 2. Oktober 1964, ziehe es aus der Wegwerfmasse heraus und lege es zur Lincoln-Biographie in meinen Einkaufswagen, wo sich schon der »Warren Report, How the Commission Pieced Together the Evidence« befindet. Auf dem LIFE-Cover vier Farbfilmkader aus dem Achtmillimeterfilm des jüdischen Schneiders Abraham Zapruder: Jackie Kennedy bemerkt soeben, dass ihr Mann angeschossen worden ist, greift in der offenen Limousine nach seiner linken Schulter.

Die Benne, sechs Meter lang, drei Meter breit, zwei Meter hoch, verfügt über zahlreiche kraftvolle Zerkleinerungswalzen in ihrem Innern, die alles, was man in ihren weit aufgerissenen Rachen hineinwirft, augenblicklich zermalmen, zerfetzen, zusammenpressen. Sie steht vormittags am Rand der Aligre-Halle, in der rue de Cotte, Ecke rue Emilio Castelar, selbst an Sonntagen kommt sie nicht zur Ruhe. Sobald der Markt die Mittagspause einläutet, wird sie unter komplizierten Verschiebemanövern und dem Geschrei mehrerer städtischer Müllmänner an einen Lastwagen angehängt und danach im Schritttempo zur Verbrennungsanlage in einen Außenbezirk der Stadt gefahren.

Das Stampfen und Stoßen der Reißzähne, welche die Altpapiermassen augenblicklich erfassen und vernichten, klingt ähnlich den Maschinen in einer Großdruckerei. Müsste ich nicht einschreiten, um den Vernichtungsvorgang aufzuhalten? Bin ich den Schaulustigen ähnlich, die den Bücherverbrennungen zugesehen haben, ohne einen Finger zu rühren?

Drei der kräftigen städtischen Müllmänner haben eines gemeinsam: In der Mitte ihrer Stirnen prangt ein kleiner, bräunlich-blauer Fleck. Die Verfärbung rührt vom Beten her, fünfmal am Tag: Nach dem In-die-Knie-Gehen vor Gott schlagen sie, wie es mohammedanischer Brauch ist, mit den Köpfen mehrfach auf den rauen Flächen ihrer Gebetsteppiche auf – je frommer sie sind, desto öfter, desto heftiger.

Die Männer gehorchen einem Vorgesetzten in grüngelber Straßenkehreruniform, der hier die Oberaufsicht innehat: Monsieur Obama aus dem Norden Kenias. Er beteiligt sich nicht am Kippen der Abfälle in die Benne, er überwacht nur und lenkt und leitet, während er gleichzeitig am Telefon hängt, stundenlang mit Verwandten in der einstigen Heimat spricht, mit Tanten, Onkeln, Nichten, Neffen – man erkennt ihre wackelnden, lachenden, mitunter zornigen Köpfe via *Facetime* auf dem Bildschirm seines Smartphones. Anweisungen gibt er seinen Untergebenen durch Kopfnicken und Kopfschütteln, ganz selten nur muss er ein Telefongespräch unterbrechen, um einzuschreiten, zu ermahnen, mitzuhelfen.

Leere Holzkisten und Pappkartons werden zu Hunderten in den Rachen des Ungeheuers geworfen, wogen zunächst an der Oberfläche wie überdimensionale Papierwellen, ehe die Reißzähne greifen und sie zeitlupenträge in die Tiefe zerren. Oft wird Obst und Gemüse tonnenweise in die allesfressende Maschine gekippt. Dutzende Steigen, vollbepackt mit Erdbeeren, werden ihr ins unersättliche Maul geschleudert. Dann bildet sich nach einer Minute unter der Benne ein dicker, dunkelroter Strom, als verblute im Innern ein Tier, ein Mensch. Die Blutlache fällt endlich auch Monsieur Obama auf, in einer Telefonpause ist ihm sein schlechtes Gewissen deutlich anzumerken, obwohl ihn an den immerwährenden Wegwerforgien ja keinerlei Schuld trifft: »So viele Menschen könnten von diesen Früchte- und Gemüseresten leben!«, stöhnt er. »Das Rote Kreuz müsste täglich hier anrücken und alle Reste einsammeln, die noch in Ordnung sind. Aber keiner kümmert sich darum. Wer etwas weitergeben will, kommt in Teufels Küche: so ein bürokratischer Unsinn! So viele Genehmigungen, die einzuholen, anzufordern, auszufüllen wären, unvorstellbar. Sie müssen verstehen: Wenn ich den Vorschriften, alle alte Ware zu vernichten, nicht nachkomme, verliere ich am nächsten Tag meine Arbeit.« Ich nehme eine Handvoll Erdbeerpäckchen mit nach Hause, sie sind keineswegs verdorben, schmecken sogar vorzüglich.

Eine kleine Gruppe, es sind immer dieselben fünf oder sechs älteren Männer und Frauen, umringen Tag für Tag die Benne, um sich aus der Masse des Abfalls Früchte, Gemüse, Eier, deren Schalen eine Spur angebrochen sind, Joghurtbecher und vakuumverpackte Wurstscheiben zu holen, deren Ablaufdatum nur knapp überschritten ist. Sie kaufen nirgendwo ein, nehmen sich alles, was sie benötigen, bevor es im Mega-Müllcontainer verschwindet. Sie erinnern an die Sammler und Sammlerinnen aus Agnès Vardas beeindruckendem Film ›Les glaneurs et la glaneuse‹, in dem es um das Recht der Nachlese geht – Menschen sammeln ein, was nach der Ernte auf den Feldern liegen geblieben ist oder an Markttagen weggeworfen wird, fischen aus Mülltonnen durchaus genießbare Lebensmittel. Ein fröhlicher Mann in der französischen Provinz lässt Madame Varda wissen, er habe seit fünfzehn Jahren nichts anderes gegessen als den Abfällen entnommene Nahrung. »Ablaufdatum? Dass ich nicht lache. So ein Unsinn!«, prustet er in die Kamera. »Man riecht doch, ob etwas noch gut ist oder nicht!«

Ich geselle mich zuweilen zu der Gruppe auf dem Aligre, rette drei Broccolistämme und ein Bündel Bananen in tadellosem Zustand vor dem Untergang. Einer der Glaneurs, der regelmäßig hier auftaucht, mustert mich daraufhin mit bösem Blick – ich spüre, wie er mir die Knochen durchbohrt.

Unverpacktes Fleisch und Fischreste dürfen hier nicht weggeworfen werden, das städtische Hygienegesetz verbietet es – der Gestank wäre weithin wahrnehmbar und kaum zu ertragen. Alte Kleider hingegen werden von Zeit zu Zeit in der Benne entsorgt, nicht einmal die Sauvettes halten sie noch für geeignet, weiterverkauft zu werden, und sei es auch nur für einen Euro. Kleinere Möbelstücke, aber auch eine ganze Sitzgarnitur aus fettem braungelbem Skai, habe ich schon in der Maschine verschwinden gesehen.

»Vous allez bien, jeune homme?« Mahmoud reicht mir die raue Hand, sie fühlt sich wie ein Holzscheit an. Der Alte arbeitet am großen Gemüsestand schräg gegenüber von Min und Alex, ein Angestellter mit dem Auftreten eines Chefs. Er wohnt in einer winzigen Mansarde, im selben Haus wie Gaston, dem Gebäude vis-à-vis der Halle, das auch das Café ›Le Charolais‹ beherbergt. Seine hohe heiser-kratzige Stimme, seine weit ausholenden Arm- und Handbewegungen, der spindeldünne, große, etwas vornübergebeugte Körper. Alles an Mahmoud gefällt mir. Er rechnet immer in Millionen ab. Vier Fenchel: »Trois millions Euros!« Ein Kilo Tomaten: »Deux Millions!« Das Wechselgeld: »Voila: cinq millions!« Ich erlebe ihn nie ohne ein Lächeln auf den Lippen.

Mahmoud schleppt Holzkisten und Pappkartons voll verwelkter Endivien, vertrockneter Erbsenschoten, schlaff gewordener Salatköpfe zur Benne, beginnt, das alles hineinzuwerfen, zu stopfen. Ich helfe ihm dabei. Die Reißzähne im Pressraum krachen, knistern, klopfen.

»Sie sind der fröhlichste Mann auf dem Aligre«, sage ich. »Immer lächelnd. Immer fröhlich.«

»Man kann doch nicht seine Sorgen zeigen«, entgegnet er. »Das hat hier nichts zu suchen! Jeder Mensch hat Sorgen. Ich habe meine Frau und drei meiner Kinder seit achtunddreißigeinhalb Jahren nicht wiedergesehen. Seit ich die Heimat verließ: keinen Fuß mehr auf tunesischen Boden gesetzt. Der Erstgeborene, nur er, kommt mich alle paar Jahre besuchen, er ist Ingenieur. Ich habe sechs Enkelkinder und kenne kein einziges von ihnen. Ich trage viel Schmerz mit mir herum, das sage ich Ihnen. Sie wissen, wer Präsident Bourguiba war? Er ging mit seinen politischen Feinden nicht gerade glimpflich um. Ließ nicht wenige seiner Gegner ermorden, vielleicht haben Sie von Salah ben Youssef gehört?«

Ich verneine.

»Ein Oppositionspolitiker, den Bourguiba in einem Hotelzimmer in Deutschland ermorden ließ … in Frankfurt am Main.«

»Wann war das?«

»Das war … 1961.«

»Aber das kann doch nicht ein Grund sein, nie wieder nach Tunesien zurückzukehren? Ein politischer Mord, der zwanzig Jahre vor Ihrer Auswanderung geschah?«

Er lächelt, lacht beinahe, ein Kieksen, fast ein Zirpen. Dann zeigt er auf seine Brust, auf sein Zwerchfell, dort sitze der Schmerz um seine verlorene Familie.

»Das Leben, denke ich oft, ist ziemlich sinnlos«, sagt er, und die linke Hand tanzt dazu, in Brusthöhe. »Ich frage mich häufig, wozu kommt man auf die Welt, wenn man so schnell wieder wegmuss? Achtzig Jahre? Das ist doch nichts. Ich bin jetzt zweiundachtzig, mein Leben ist so rasend schnell vergangen! Ich bin doch gerade erst auf die Welt gekommen. Manchmal schaue ich aus dem kleinen Fenster in meiner Mansarde, hinauf in den Wolkenhimmel und hinab auf die silbrig glänzenden Dächer der Stadt und denke: wie schön! Wie schön das alles ist. Aber wozu erlebe ich es? Was habe ich davon? Wozu gibt es das alles auf der Welt? Ich muss ja verschwinden, wie alles und alle verschwinden. Das tut sehr weh. Vielleicht verstehen Sie jetzt ein bisschen besser, warum ich immer – oder fast immer? – lache …«

Gehen wir tanzen!

Louiza taucht neben der Benne auf, sie ist die anziehendste Marktverkäuferin von allen, eine großgewachsene, schlanke Sophia-Loren-ähnliche Erscheinung kabylischer Herkunft, die niemals etwas der Vernichtung preisgeben würde, was nicht absolut ungenießbar geworden ist. Jetzt wirft sie mit weit ausholenden Gesten große Mengen braun und schwarz gewordener Avocados, verfaulter Feigen und Radieschen und grüner, roter, gelber Paprikaschoten in die unersättliche Apparatur, mit Bewegungen, die eher einer Eiskunstläuferin, bevor sie zu einem dreifachen Axel ansetzt, denn einer Marktverkäuferin gleichen. Unweit der Müllzerstörungsmaschine befindet sich ihr Stand, ich folge ihr dorthin.

Niemand preist sein Warenangebot ähnlich lautstark an wie Louiza, die nur an Sonntagen hier erscheint. Louiza hat einen autistischen Sohn, um den sie sich unter der Woche kümmern muss, ihr Mann Brice, der Vater des Buben, führt den Stand dann ohne ihre Hilfe und zusammen mit drei jungen Mitarbeitern. An Sonntagen ist der Sohn jeweils bei Louizas Eltern untergebracht, da kommt sie zum Markt und bleibt bis zu seiner mittäglichen Schließung.

»On a la pêche!, ohhnn-ahhh la pêhhhche! Wir sind bei bester Laune! Ça baigne! Es läuft wie geschmiert!«, schallen ihre Rufe durch den marché, welch schöne Stimme, tief, voll. Louiza sieht übrigens auch der Callas ein bisschen ähnlich, nicht nur der Loren, fällt mir heute auf. Die große elegante Sonnenbrille unterstreicht diesen Eindruck. Louiza ist weithin vernehmbar, auf jeden Fall in jener Hälfte der rue d'Aligre, die als die billigere gilt: An der westlichen Schnittstelle zwischen rue und Place d'Aligre verläuft eine unsichtbare Grenze – etwas teurere Stände auf der einen, die weit günstigeren auf der anderen Seite. *Le Maquis* nennen die ältesten französischen Aligre-Verkäufer die Billighälfte des Marktes: Gemeint ist damit einerseits die Macchie, eine immergrüne mediterrane Gebüschformation, andererseits ist es ein Synonym für die Partisanen der Résistance, da sich im undurchdringlichen Maquis traditionell Banditen und Gesetzlose versteckt hielten – so tauchten auch die Mitglieder der Résistance in den Wäldern, Bergen und wenig bevölkerten Gebieten unter, von wo aus sie ihre Angriffe gegen die deutschen Besatzungstruppen vorbereiteten.

Ein kalter Wind. Es ist drei Wochen vor Weihnachten. Auf dem Markt gibt es keine Weihnachtsgirlanden über den Straßen, auch nachts leuchten hier nirgendwo bunte Lämpchen. Nur der Verkauf von Tannen, den der Blumenhändler Jean-Jacques gleichsam monopolistisch betreibt, weist auf die Festtagsnähe hin. Mir gefällt dieser nüchterne Umgang mit dem höchsten Feiertag des Jahres, ich kann den Christschmuck, der die meisten Großstädte der Welt um diese Zeit überwächst, nicht mehr sehen.

»Allumer le feu! Allons danser! Zünden wir ein Feuer an! Gehen wir tanzen! On est là pour faire les coups!, wir sind hier, um etwas zu wagen!«, brüllt Louiza in die Luft. Ein Kilo Tomaten kostet einen Euro bei ihr, fünf dicke, feste Zucchini verkauft sie mir für vierundachtzig, einen ganzen Sack mit Zwiebeln für fünfzig Cents. Und sie singt weiter: »I'm gonna be a good, good girl! Oh yeah. With love and tenderness!«

Zwei Dutzend Kunden scharen sich um sie, dank ihrer unbändigen Energie muss niemand lange warten: In sensationeller Geschwindigkeit greift sie nach der Ware, wiegt sie ab, kassiert das Geld, mit schönsten Gesten – und singt, ruft, brüllt dazu. Louiza korrigiert, nein, ermahnt mich: »Ich brülle nicht, ich *singe*!«

In erster Ehe mit einem international renommierten Nierenspezialisten aus Libyen verheiratet, dem sie vier Töchter gebar, verließ sie ihn, als er sich in den Monaten nach den Attentaten des 11. September 2001 zu radikalisieren begann. Sie lebten damals in Dallas, Texas. »Von einem Tag zum anderen hat Mustafa mir verboten zu studieren, verboten, Auto zu fahren, verboten, ohne ihn das Haus zu verlassen. Das FBI kam ständig zu uns, holte ihn zu Verhören ab. Das Abitur habe ich erst nach der Scheidung gemacht. Nach Frankreich zurückgekehrt, habe ich an der Sorbonne englische Literatur studiert: von Shakespeare bis Beckett. Alles, alles! Ich wollte Englischprofessorin werden. Kennst du mein Lieblingswerk? Robert Louis Stevensons ›Strange Case of Dr Jekyll and Mr Hyde‹? Und ich verehre natürlich Sylvia Plath. Unendlich.«

Bei einem Gartenfest in der Banlieue lernte sie ihren zweiten Mann kennen, den Vater des kranken Buben, ein Marktverkäufer seit seiner Jugend, und brach das Studium ab. »Das macht wirklich nichts, denn jetzt habe ich, dank Brice, den schönsten Beruf auf Erden. Ich genieße nichts so sehr wie das Verkaufen von Obst und Gemüse! Und das zu den niedrigsten Preisen am ganzen Markt. Ich versetze mich in die Rolle der Kunden, spreche jeden und jede direkt an, egal wie mürrisch sie sind, denn ich weiß, was jeder haben will. Ich kann einem Blinden Brillen verkaufen, glaubst du mir das? All das bunt Zusammengewürfelte auf dem Aligre begeistert mich. Dass du hier wirklich alles und jeden antriffst: vom Bettler bis zum König, von der Obdachlosen bis zum Filmstar – und von jedem Kontinent der Erde. Dieser Reichtum an menschlicher Vielfalt! Man trifft sich hier, vermischt sich, freut sich: jeder mit jedem.«

Ich kehre zur stampfenden, mampfenden Benne zurück. Monsieur Obama telefoniert, hält den Apparat ein Stück weit vom Ohr entfernt, sieht die Köpfe seiner Verwandten auf dem Display kein einziges Mal an. Frédéric, einer der beiden Mitarbeiter von Laurence, die den italienischen Stand in der Halle führt, nähert sich mit einem Haufen knapp abgelaufener Lebensmittel, die sich schief auf seinem Lastkarren türmen. (*Diable*, zu Deutsch *Teufel* lautet das französische Wort für die zweirädrige Karre zum Transport voller Säcke und anderer schwerer Gegenstände.) Langsam wirft Frédéric das Aufgeschichtete, die Oliven, vorgekochten Spezialitäten, die Ravioli, Gnocchi, Tagliatelle, die eingelegten Zwiebeln, sonnengetrockneten Tomaten und Auberginen in hohem Bogen in die Abfallmaschine.

»Für meine kleine Familie tue ich alles«, sagt er, »und das mit größter Freude, egal wie anstrengend mein Arbeitsleben ist.« Seine Anreise jeden Morgen, aus der Umgebung der Stadt, dauert eine gute Stunde. »Und am Abend bin ich so müde, dass ich auf der Rückfahrt oft in der RER einschlafe. Und erst aufwache, wenn die Stadtbahn kreischend ins Depot einbiegt. Dann muss ich auf den nächsten Zug in umgekehrter Richtung warten, der mich nach Hause bringt.«

Frédéric ist der Sohn katholischer Eltern, die Mutter aus Barcelona, an den Vater, der aus Paris stammt, erinnert er sich nicht, hatte nie das Bedürfnis, ihn kennenzulernen, war noch ein Kleinkind, als die Mutter den Mann hinauswarf, nachdem er fremdgegangen war. Vor zehn Jahren, als Frédéric erstmals eine arabische Freundin hatte, hielt er es für angebracht, zum Islam überzutreten. Inzwischen ist er mit einer Marokkanerin verheiratet, hat zwei kleine Kinder mit ihr, lebt das fromme Leben eines Muslim, verbringt die Sommer in seinem kleinen Haus an der marokkanischen Mittelmeerküste.

»Ich bin unendlich froh über meinen damaligen Entschluss!«, sagt er, wirft die letzten Abfallreste in die Maschine, »der Übertritt in der großen Moschee, nahe dem Jardin des Plantes, unter den Augen des Muftis, das war der schönste Moment meines bisherigen Lebens.«

Ich erwähne einen französischen Gegenwartsroman, im Jahr 2022 angesiedelt, der die langsame Konversion eines Pariser Literaturwissenschaftlers zum Islam beängstigend realistisch erzählt. Wobei man den Eindruck gewinnt, der Protagonist unterwerfe sich dem mohammedanischen Ritus wie ein zum Tode Verurteilter, der, um der Vollstreckung seiner Strafe zu entgehen, das Joch der Sklaverei auf sich nimmt. Frédéric hat keine Idee, wovon ich spreche. Kennt weder den Namen des weltberühmten Schriftstellers, noch hat er je von dessen Werk gehört, noch versteht er, worauf ich hinauswill. Er ist einfach nur glücklich, den großen Schritt getan zu haben.

»Und du betest fünfmal am Tag?«, frage ich.

»Das schaffe ich leider nicht. Nur zweimal: am frühen Morgen und am späten Abend.«

»Darum sieht man auch keinen braunen Fleck auf deiner Stirne.«

»Das kann sein.«

»Was kann sein?«, will Matilde wissen; die portugiesische Käsefrau, die Cinemabegeisterte, von der man weiß, dass sie die Frauen liebt, schleudert in Plastik eingeschweißte Brie-, Camembert-, Cantal-, Comté-, Emmentaler-, Roquefortreste, deren Verfallsdatum kaum überschritten ist, in die Benne. Frédéric und Matilde kennen einander kaum, Kontakte zwischen den Standbetreibern, die in der Halle arbeiten, und den Marktmännern und -frauen, die außerhalb der Halle tätig sind, kommen äußerst selten vor. Man besucht auch nicht dieselben Cafés: Einem Hallenhändler käme es nicht in den Sinn, sein Gabelfrühstück oder einen raschen Aufputschespresso in einem Etablissement zu sich zu nehmen, das von Straßenverkäufern frequentiert wird. Und umgekehrt.

»Womöglich ist euch das nie aufgefallen, dass Moslems und Afrikaner die Halle kaum jemals betreten?«, stellt Matilde in einer Wegwerfpause fest. »Als gäbe es da eine unüberwindliche Grenze. Muslime kaufen nur außerhalb der Halle ein, so gut wie nie drinnen, das war immer schon so …«

»Warum sollte das so sein?«, frage ich.

»Weil viele der Verkäufer in der Halle Rassisten sind …«

»Das kann ich mir nicht vorstellen.«

»Ich bin jedenfalls sicher kein … Rassist«, betont Frédéric.

»Bis vor ungefähr zwanzig Jahren bekam kein Ausländer, kein Fremder je die Genehmigung«, fährt Matilde unbeirrt fort, »innerhalb der Halle einen Stand zu übernehmen.«

Die so oft von mir heraufbeschworene und zelebrierte Harmonie auf dem marché d'Aligre: nichts als Chimäre? Einbildung? Wunschdenken?

Unlängst spielte mir Hamza ein Video zu, ich dürfe aber niemandem sagen, dass es von ihm käme. Eine Überwachungskamera des Café Aouba hatte eine Straßenschlacht aufgenommen, den Zusammenstoß zweier Clans – der christlichen, syrisch-türkischen Familie der Kaffeesieder und der Familie des fundamentalistisch-muslimischen Obsthändlers Zahit. Unklar bleibt, wie die Prügelei ausbrach, auch wenn Hamza die Schuld allein Zahit zuschreibt. Nicht nur mit Fäusten, auch mit langen Messern wurde gekämpft, es grenzt an ein Wunder, dass niemand sein Leben verlor. Madeleines Schwester Sophie, die die Berserker zu trennen versuchte, blieb von den Wunden der Männer blutüberströmt zurück. Erst nach zwanzig Minuten tauchten vier Polizisten auf, denen es schließlich gelang, den Kampf zu beenden. Zahit musste eine Woche lang im Krankenhaus verbringen. Inzwischen ist er mit seiner Frau und seinen Söhnen in seine Heimat Ägypten geflogen – jetzt verstehe ich, warum sein Stand seit Wochen verschwunden ist.

Es vibriert in meiner Hosentasche. Eine mir unbekannte amerikanische Nummer leuchtet auf. Meine Neugierde gewinnt wie üblich die Überhand: Wer versucht, mich zu erreichen? In den Staaten ist es mitten in der Nacht. Ich nähere mich Monsieur Obama, der gerade eine kenianische Nummer aufruft. Wir stehen jetzt nebeneinander, lehnen mit dem Rücken gegen die Hallenmauer, den jeweils rechten Fuß nach hinten abgewinkelt, telefonieren zur gleichen Zeit, er mit Ost-Afrika, ich mit Nordamerika.

Ein mir flüchtig bekannter, durchaus liebenswürdiger Collegeprofessor: Ob ich mir vorstellen könnte, schon etwa in sechs Wochen, bald nach Beginn des kommenden Kalenderjahres, die verabredeten Gastvorlesungen anzutreten. Nicht erst im übernächsten Jahr zu kommen, wie ursprünglich geplant. Eine junge Dichterin habe die vereinbarten Termine kurzfristig abgesagt, ihre Residenz um mindestens zwei Jahre verschoben. Daher seine dringende Anfrage, ob ich bereit sei einzuspringen? Es sei vier Uhr morgens bei ihm – er leide oft an Schlaflosigkeit: Vor lauter Sorge um die Organisation des nächsten Unterrichtsjahres sei sie in dieser Vorweihnachtszeit ganz besonders akut.

Der Professor drängt auf eine möglichst rasche Antwort. Ich bitte um Geduld. Unmöglich, sofort eine Entscheidung zu treffen. Mein Zuhause bereits in wenigen Wochen für ein ganzes Semester verlassen? Die Familie und meinen Markt im Stich lassen? Madeleine nicht jedes Wochenende zumindest für kurze Augenblicke sehen, monatelang? Ich schwebe den Rest des Tages in einem Zustand, der zwischen Ängstlichkeit, diffuser Vorfreude, heftiger Reiselust und nagendem Abschiedsschmerz oszilliert.

Oberlin, Ohio

Schritte über dem Kopf. Laute, feste Schritte – am Morgen, nachmittags, oft abends. Sie wecken mich zuweilen mitten in der Nacht. Es herrscht Winter in Ohio, im Nordosten der Vereinigten Staaten, tiefer Winter. Die Burschen im ersten Stock, es müssen Männer sein, Frauen treten so nicht auf, tragen schwere Schuhe. Schneestiefel wahrscheinlich. Ich habe selten in Erdgeschosswohnungen gehaust. Der Bungalow in Los Angeles während der Studienzeit war eine Ausnahme. Seit ich mich zurückerinnern kann, bewohne ich zumeist oberste Stockwerke.

Vor zwei Monaten bezog ich in dem Collegestädtchen Quartier. Es beherbergt eine Hochschule, die insbesondere als Konservatorium weit über die Grenzen der USA hinaus höchstes Ansehen genießt. Oberlin befindet sich unweit der Metropole Cleveland, tief im sogenannten Mittleren Westen, obwohl Ohio eher im Nordosten der Staaten angesiedelt ist: inmitten von Kornfeldern, Laubwäldern, Obstplantagen, nahe den Ufern des Lake Erie, zurzeit zugefroren, auf dessen Nordseite Kanada liegt. Im Umland, dem Einzugsgebiet von Cleveland: gigantische, leere Industriehallen, die vor sich hinrosten, ehemalige Autofabrikanlagen, längst aufgegeben, nie abgerissen.

Ich befinde mich Tausende Kilometer von der Place d'Aligre entfernt. Gehe fremd, im wahrsten Sinn des Wortes: Wie rasch sich eine zarte Art Heimatgefühl ausgebreitet hat, im Kopf, in der Brust, trotz allem Ärger über die störenden Bewohner im ersten Stock, die ich kein einziges Mal zu sehen bekomme.

»Heimatgefühl mache ich nicht an Ländern fest«, beharrt die Schriftstellerin Julya Rabinowich, wenn man sie nach ihrer Herkunft befragt. Wie rasant ich mich umgewöhnen konnte, lässt mich an ein Gespräch mit Imre Kertész denken, vor etlichen Jahren. Wir saßen im Pariser Théâtre de l'Odéon beisammen, und er flüsterte mir zu, Minuten, bevor sich der Vorhang hob, er werde zuweilen von einer paradoxen Sehnsucht geplagt. Es sei für ihn, als wäre das sächsische Außenlager Wille in Tröglitz, wohin er als Vierzehnjähriger verschleppt worden war, auch eine Art Heimat gewesen. Als mich das überraschte, mehr noch: erschreckte, fragte er, nun seinerseits beinahe entsetzt: »Kennen Sie denn meinen ›Roman eines Schicksallosen‹ nicht?!«

Ich wollte, solange ich mich zurückerinnern kann, immer der Einheimische sein, an jedem neuen Ort. Verbrachten wir die Osterferien meiner Kindheit am Meer, und ich beobachtete, im März, April, wie die Menschen an allen Orten schon ins Wasser gingen, dann wollte ich das auch: mit den Wellen spielen, schwimmen, tauchen. Es wurde mir streng verboten: »Das sind doch *Einheimische*! Die sind das gewöhnt, seit sie auf der Welt sind, bei der Kälte im Ozean zu baden. Die sind abgehärtet, du bist nicht abgehärtet.« Und wenn ich dann zum Trost wenigstens ein Eis essen wollte: »Vergiss es – du bist kein Einheimischer. Es ist noch viel zu kühl, um Icecream zu essen!«

Meine großzügige Wohnung, in Oberlin, Gastprofessoren des German Departments zur Verfügung gestellt, vermittelt mir schon nach wenigen Tagen die vage Empfindung, hier, in der North Pleasant Street Nummer 36, gut behütet zu sein. Ich verrücke Tische, Stühle, Nachtkästchen, schaffe mir eine Wohnhöhle, auch die helle Küche und das fensterlose Badezimmer mit einer Dusche, deren Strahl besonders stark ist, sind Orte, die vollkommene Zufriedenheit auslösen. Obwohl die alten, schäbigen Heizungskörper Tag und Nacht klopfen, zischen, krachen und es mir nicht gelingt, sie abzustellen. Ihre Hitzeausstrahlung ist an manchen Tagen kaum erträglich.

Das Gebäude, das mein Refugium beherbergt, löst Assoziationen an eine Filmkulisse aus: weiße Holzverkleidung, Veranden, Säulen, unter dem hohen Dach großzügige Mansarden, ganz wie im Süden, in Georgia, Louisiana, Alabama. ›Vom Winde verweht‹, in der Kälte, im Schnee. Es schneit hier täglich, nächtlich, die Ortschaft versinkt in Schneemassen, seit Jahrzehnten habe ich nicht mehr so viel Schnee gesehen. Der benachbarte See wird für den Dauerschnee verantwortlich gemacht: Man nennt es den Lake-Effect, kalte, trockene Luft zieht über die vergleichsweise wärmere Wasseroberfläche des Lake Erie hinweg und saugt dabei endlos Feuchtigkeitsmassen auf.

Zuweilen spaziere ich durch die ruhigen Straßen, sie tragen nicht selten Baumnamen: Elm, Maple, Oak, Cedar, Walnut. Sie sind beinahe ausnahmslos von hohen Eichen gesäumt. Rehe ambulieren durch die Straßen, in verzweifelter Hoffnung, im hohen Schnee Äsung zu finden. Auf Schritt und Tritt: Eichhörnchen, jede Minute eine neue Eichhörnchenbegegnung. Am Friedhof, am Golfplatz, auf der großen, froststarren Rasenfläche des Tappan Square in der Ortsmitte und vor den Fenstern meiner Wohnstatt: ununterbrochen Eichhörnchen, auch sie fahnden nach Essbarem, kreischend, rufend, gurgelnd.

Es gibt ein Kino in der Ortsmitte, das Apollo, ein Originalbau aus den späten 1930er, frühen 1940er Jahren, mit viel zu vielen Plätzen für ein so kleines Städtchen, dreihundert Sitze, die heute nicht mehr zu füllen sind. Seit es errichtet wurde, blieb es von allen architektonischen Veränderungsversuchen verschont. Der Eintritt kostet vier Dollar, an manchen Abenden auch nur drei, ich sehe mir hier nahezu jeden Film an, der auf dem Programm steht, selbst den schlechtesten, mit größter Freude. Der erstaunliche Dokumentarfilm ›Jodorowskys Dune‹, die Odyssee eines gescheiterten Mammutprojekts – der Regisseur wollte Mitte der 1970er Jahre den grandiosesten und teuersten Film aller Zeiten verwirklichen, basierend auf Frank Herberts Science-Fiction-Roman – birgt eine Überraschung: Alejandro Jodorowsky lebt in Paris, mehr noch, ich kenne ihn vom Sehen, ahnte nicht, dass er es ist, dieser schöne alte Gentleman, der nicht selten den marché d'Aligre besucht, in Begleitung seiner viel jüngeren Ehefrau.

Einmal in der Woche, jeweils von sieben bis neun Uhr abends, unterrichte ich eine Doppelstunde. Die Klasse liest zwei meiner Werke, äußerst langsam, stockend, mehr schaffen wir in den Monaten nicht. Im Unterricht erörtern wir ausführlich deren Inhalte, keine Frage ist tabu, jeder Kommentar der jungen Gruppe hochwillkommen. Zunächst herrscht große Schüchternheit, erst nach unserer fünften Begegnung tauen die zehn Studenten ein wenig auf, trauen sich zu fragen, zu kommentieren. Wir sprechen ausschließlich Deutsch, für diesen Kurs die Vorbedingung. Manche haben sich aus dem einfachen Grund eingeschrieben, weil sie im Hauptfach Gesang studieren und die Sprache für ihre künftigen Liederabende und Opernauftritte beherrschen müssen, für die Werke von Schubert und Wagner, Mahler und Mozart, Brahms und Carl Maria von Weber.

Nicht alle Teilnehmer meiner Klasse drücken sich unmissverständlich aus. Brandon, aus Portland, Oregon, meldet sich zu Wort: »Meine Mutter ist aber sehr frustriert und die Vergleichnisse zwischen sie und die Mutter von Sie hat mich ein bisschen erschrocken. Meine Homosexualität ist auch eine Imperfektion, das ihre Schuld ist ich denke.«

»Meine Schuld?«, wundere ich mich.

Er lacht: »Nein, *ihre* Schuld, of my mother.«

Carl, African American, aus Baltimore, der im Hauptfach Klarinette studiert, bittet mich, ihn ausschließlich Serena zu nennen, da er das männliche Geschlecht zu verlassen und das weibliche anzunehmen gedenkt; er könne in der nächsten Woche nicht ganz pünktlich zum Unterricht erscheinen: »Bitte entschuldige mich. Weil ich gefragt in eine speziale Bedürfnis zu gehen bin, muss ich verpasse die ersten Stunde der Klasse nächstes Mal. Ich erwarte aber jedenfalls gegen 20 Uhr 05 in die Klasse zu ankommen. Geht das alles bei Ihnen gut? Ich segne Sie!«

An den übrigen Tagen der Woche bin ich mir selbst ausgeliefert, ich sehe niemanden, habe hier keine Freunde, keine Feinde. In den hübschen, oft bunt bemalten kleinen Einfamilienhäusern, an denen ich vorbeispaziere, wohnen Professoren oder Professorinnen mit ihren Partnern, Kindern, Tieren, leben Studenten und Studentinnen in Wohngemeinschaften. Und überall habe ich das Gefühl, beim Vorbeispazieren, auf meinen ausgedehnten Wegen, beinahe der einzige Mensch im Ort zu sein, der sich zu Fuß auf die Straße hinaustraut. Überall dieselbe Ruhe, dieselbe verschlafene Trägheit. Doch aus Fenstern, die trotz der Kälte geöffnet sind, tönt Musik. Klavier,

Bratsche, Cello, Horn, Trompete, Schlagzeug, Saxophon und Gesang, wundersame Arien, die die Luft erfüllen.

In Oberlin ist eine große Zahl der Studenten und Studentinnen lesbisch, schwul oder transgender, und sie alle pochen auf ihre Rechte. Der Umgang mit Transgender-Individuen fällt mir nicht leicht, umso weniger, seitdem mein Pariser Freund Steven, Science-Fiction-Autor, Videogame-Erfinder, Lebenskünstler, beschlossen hat, Nuria zu werden. Ich kann und will sie, seit es geschehen ist, nicht wiedersehen; es ist mir kaum erträglich, Nuria in ihrem neuen Leben wahrzunehmen. Wie hässlich sie geworden ist, wie fremd sie mir wurde. In Oberlin beharren jene, die im Begriff sind, ihre Verwandlung auszuleben, darauf, nur ja nicht mit »he« oder »she«, »her« oder »him« angesprochen zu werden, sondern ausschließlich mit »they« oder »them«. Wer sich in diesem Irrgarten Fehler erlaubt, gilt als Menschenfeind. Ich erwische mich eines Tages bei meinen Durchquerungen des Städtchens dabei, einem Burschen, der Arm in Arm mit einem Mädchen spaziert, sie auf die Schläfe küsst, fassungslos, mit offenem Mund nachzuschauen: die absolute Ausnahme.

Ich träume von ihr, anfangs selten, dann immer regelmäßiger: Zelda, die einzige Germanistin in meiner Studentenschar. Ihr auch nur anzudeuten, wie sehr ich sie begehre, ist in diesem Land und in dieser Zeit undenkbar. Sie schreibt an ihrer Abschlussarbeit, nach vier Collegejahren, »Marktschreier in der deutschsprachigen Literatur«, mit besonderem Augenmerk auf den Werken Georg Büchners, Ernst Tollers, Frank Wedekinds. Wir wechseln kaum je ein privates Wort. Eines Abends hält sie mich am Ende des Unterrichts auf, zwischen

Tür und Angel: »Was tun Sie eigentlich die ganze Woche lang, wenn Sie nicht unterrichten?«

»Ich sitze in meiner sehr angenehmen Wohnung, schaue auf die schneebedeckten Bäume vor meinem Fenster, beobachte die Eichhörnchen, die Rotkehlchen – und überlege mir, ob ich vielleicht eine Ausgeburt meiner eigenen Phantasie bin.«

»… damit verbringen Sie Ihre Tage?«

»Ich arbeite an einem Text, der von meiner lebenslangen Suche nach Heimat erzählt.«

»Ist Heimat denn so wichtig?«

»Sie ist mir sehr wahrscheinlich wichtiger als alles andere im Leben.«

»Da tun Sie mir aber leid. Nichts ist wichtiger als die Liebe. Erzählen Sie mir mehr von Ihrem Text.«

»Er kreist um meine Gefühle gegenüber einem ganz bestimmten Markt.«

»Einem Markt? Wo?«

»In Paris …«

»Den Sie lieben?«

»Den ich extrem liebe.«

»Also doch: Liebe.«

»… gewissermaßen.«

»Kommen Marktschreier darin vor?«

»Bis jetzt kaum, aber das kann sich noch ändern …«

»Ich möchte es unbedingt lesen, bevor es erscheint … wenn ich darf.«

»Selbstverständlich dürfen Sie. Aber das dauert noch.«

»Ich gedulde mich.«

Ich will sie umarmen, sie festhalten, einfach nur festhalten, jetzt sofort, ihr die Stirn, die Wangen, den Hals küssen. Wie bestürzt sie wäre, erahnte sie meine Sehnsucht. Wie sie zurückschnellen würde, als habe eine große, giftige Tarantel sie gebissen.

Gegenüber dem überschaubaren IGA, einem der beiden Supermärkte, in denen ich einkaufe, befinden sich die lang gestreckten, ebenerdigen Gebäude einer der größten Flugsicherungszentralen der Vereinigten Staaten. Der Ort ist militärisch streng bewacht, ähnlich einer geheimen Kaserne. Niemand, der mit dem College in Verbindung steht, hat hier Zugang oder kennt auch nur einen der im Air Route Traffic Control Center arbeitenden Fluglotsen. Der Standort Oberlin wurde ausgewählt, da er zwar nahe Cleveland, aber im Kriegsfall weit genug von der Stadt entfernt liegt. Während der Attacken des 11. September 2001 war diese Zentrale für den Flug United Airlines 93 zuständig, der sich in ihrem Luftraum befand, als man hier die Hilferufe der Piloten und das Geschrei der Attentäter aus dem Cockpit hörte, bevor die Maschine infolge einer Revolte der Passagiere in der Nähe von Shanksville, Pennsylvania, in ein Kornfeld stürzte. An der Kasse stehend, im IGA, glaube ich nicht selten, Männer und Frauen zu erkennen, die mit der Collegewelt nicht das Geringste zu tun haben, überlege mir, sie zu fragen, ob sie auf der anderen Straßenseite arbeiten. Jedes Mal warte ich zu lange, sie verschwinden, bevor ich es wage, sie anzusprechen.

Der zweite Supermarkt, der immense Walmart, liegt am Ortsrand, eine halbe Stunde Fußweg entfernt. Mir steht kein Auto zur Verfügung, einmal in der Woche stapfe ich durch den Schnee dorthin. Das klapprige Fahrrad, das ich in den weitläufigen, beängstigenden Kellergewölben meines Filmkulissenhauses, zwischen Rattengift und schmutzverkrustetem Geschirr, ramponierten Möbeln, ausrangierten Wäschetrocknern fand, ist auf den eisigen Straßen und Trottoirs nicht zu gebrauchen. Die Reihen in der Walmarthalle sind Hunderte Meter lang, man benötigt fünf Minuten, um eine Reihe von einem Ende zum anderen abzuschreiten. Von der Nähnadel zur Kaffeemaschine, vom Büstenhalter zum Brotmesser und zur Unterhose, von Spielzeug und Dünger und Blumenerde zu Papierwaren und Medikamenten und Fernsehapparaten gibt es alles im Walmart zu kaufen. Und Pistolen, Sturmgewehre, MGs. Ab dem achtzehnten Lebensjahr ist jeder Staatsbürger in Ohio berechtigt, Waffen zu erwerben. Sende Jack, dem Kassierer im *Franprix*, ein Foto von dieser himmlischen, endlosen Supermarketvielfalt, möchte ihn damit beeindrucken, er antwortet nach Sekunden: »C'est l'enfer!«, das ist die Hölle.

Ich kaufe Obst und Gemüse, Brot, Fleisch, Geflügel, australischen Rotwein. Fisch gibt es im Walmart selten – und wenn, dann niemals frisch, nur gefroren. Die Äpfel, Birnen, Ananas, die Kiwis, Mangos, Trauben und Mandarinen sind vollkommen geruchlos und schmecken bestenfalls nach Luft und Wasser. Jede Frucht und jedes Grünzeug gibt es hier das ganze Jahr hindurch, Sommerobst im Winter, Winterernten im Sommer. Unter freiem Himmel gewachsene Farmprodukte sind in US-Städten ganz allgemein kaum noch zu bekommen – alles immer nur abgepackte, schale Gewächshausware. In New York und Los Angeles gehen meine Freunde längst nicht mehr einkaufen, lassen sich alles liefern – von einem teuren Fresh-Service, der manchmal auch Bauernprodukte im Angebot hat. Die Übernahme der großen Biosupermarktkette *Whole Foods Market* durch Amazon wird die Gewohnheiten der Marktkundschaft im ganzen Land noch weiter verändern, denn bald muss niemand, der gesunde Lebensmittel sucht, auch nur kurze Wege zurücklegen, um Besorgungen zu machen. Austausch mit Verkäufern? Gespräche an der Kasse? Alles vorbei. In Zukunft wird der Gesamtbedarf nach Hause geliefert, demnächst auch mit Hilfe von Drohnen vor der Haustür abgesetzt werden.

Eine etwa neunzehnjährige Walmartkassiererin sieht beim Scannen meiner Einkäufe den Yellow Tail Cabernet Sauvignon aus New South Wales auf dem Rollband herannahen, ruft nach ihrem Vorgesetzten. Niemand unter einundzwanzig hat in diesem Staat das Recht, eine Alkoholflasche auch nur zu berühren, noch weniger, einen Tropfen Alkohol zu trinken. Aber eine Handfeuerwaffe zu erwerben, zu besitzen und zum Einsatz zu bringen: kein Problem.

Die Sehnsucht nach meinem Aligre wächst im Walmart ins Uferlose. Auch der Farmer's Market in Los Angeles schwebt mir vor, wie glücklich ich dort war, und Märkte in Palermo, Neapel und Rom, in Barcelona und Lissabon, der schöne Markt von Toronto und der sensationelle Fischmarkt in Tokio, wo es mir mit einer kleinen Gruppe Literaturstudenten um halb fünf Uhr morgens gelang, den strengen, uniformierten Marktwächtern, die keinerlei Besucher dulden, immer wieder zu entwischen. Im kroatischen Vukovar kaufte ich vor nicht allzu langer Zeit am sonnigen Markt Honig und Obst ein, ich fühlte mich wohl dort, bis ein junger Einheimischer zügig auf mich zuschritt, sich als Stadthistoriker ausgab und mich wissen ließ: »Sie bewegen sich auf einem Massengrab. Hier war im Kroatienkrieg eines der am stärksten umkämpften Gebiete. Unsere Stadt wurde von der Jugoslawischen Volksarmee fast vollständig zusammengeschossen. Anschließend hat man Tausende unserer Toten exakt hier, wo Sie jetzt stehen, verscharrt und danach alles, alles zubetoniert.«

Im überdimensionalen Bibliotheksgebäude der ›Mudd Library‹, in der Campusmitte, sind auf sieben Stockwerken Zehntausende Bücher untergebracht, die jedoch kaum jemand zu konsultieren oder gar auszuleihen gedenkt; nahezu alle Werke sind digital abrufbar, man sucht nicht mehr in gebundenen Ausgaben nach Zitaten, blättert und liest nicht mehr in ihnen. Steht der ganze riesengroße Zementblock mit seinem Gesamtinhalt mir allein zur Verfügung? Klettere von Stockwerk zu Stockwerk. Es herrscht Menschenleere. Grabesruhe. Wie nahezu überall in den Staaten kommt man auch in dieser Bibliothek direkt an die Bücher heran, kann sie selber herausholen, um mit ihnen zu arbeiten.

Ich hebe in der dritten Mudd-Etage eine alte, erstaunlich schwere Edition von Goethes »Italienische Reise« aus dem Regal, öffne sie auf einer Zufallsseite und lese, während sich draußen, im dichten Nebel, ein Schneesturm zusammenbraut: »Auf den Plätzen ist es an Markttagen sehr voll, Gemüse und Früchte unübersehlich, Knoblauch und Zwiebeln nach Herzenslust. Übrigens schreien, schäkern und singen sie den ganzen Tag, werfen und balgen sich, jauchzen und lachen unaufhörlich. Die milde Luft, die wohlfeile Nahrung läßt sie leicht leben. Alles, was nur kann, ist unter freiem Himmel. Aber merkwürdig war mir's, daß heute früh, da sie alle mit Blumen, Gemüse, Knoblauch und so vielen andern Markterzeugnissen durcheinander liefen, ihnen der Zypressenzweig nicht entging, den ich in der Hand trug.«

Ein Stockwerk tiefer greife ich nach einer Balzac-Biographie, lese in einem seiner Briefe aus der östlichen Ukraine, an seine Schwester Laure: »Ich überraschte mich dabei, dass ich mich nach unseren französischen Wolken und Regengüssen sehnte. Wenn ich noch zwei Wochen länger hier verweilte, wäre ich gewiss tot. Das zu erklären ist unmöglich. Das Brot, das ich esse, scheint ohne Salz, das Fleisch ohne Nahrung, das Wasser erfrischt kaum, die Luft macht mich schlaff; die schönste Frau erscheint mir, als wäre sie ein Monster.«

An Vormittagen, an denen Heimweh in leisen Wellen an die Seele rührt, rufe ich zu Hause an. Zoe und Dylan erwecken den Eindruck, als verspürten sie eine gewisse Erleichterung, eine Zeitlang ohne meine Gegenwart auszukommen. Ich melde mich bei Gaston, dem Aligre-Freund, reiße ihn aus tiefem Nachmittagsschlaf, er stottert: »Du wirst es mir nicht glauben: In der Halle hat es heute Morgen schon wieder gebrannt! Angeblich ein Kabeldefekt, aber ich traue denen, die das behaupten, nicht. Die Aufräumungsarbeiten werden wieder Wochen dauern, wie beim letzten Mal, obwohl dieses Mal vor allem das Dach, nicht so sehr die einzelnen Stände betroffen waren. Jetzt soll das ganze Dach gründlich renoviert werden, alles schöner, besser, heller, du wirst deinen Markt nicht wiedererkennen, wenn du nach Hause kommst. Wann kehrst du zurück?«

»… leider sind's noch gute zwei Monate, bevor ich wieder da bin.«

»Ach! Erst?«

Min verwendet die chinesische Kommunikationsapp WeChat, ich habe sie mir ihretwegen eingerichtet. Als ich sie erreiche, bricht sie in Tränen aus.

»Min? Was ist passiert?«

»Alex hat eine Beziehung mit einer chinesischen Prostituierten begonnen: Er ist jede Nacht bei ihr. Sie stammt aus derselben Gegend wie ich! Eine ganz billige, scheußliche Person!«

»Das geht vorbei wie ein Fieber, glaube mir.«

»Du bist blöd. Vielleicht bei ihm, aber sicher nicht bei mir. Ich gehe seit einer Woche nicht arbeiten, so wütend bin ich auf ihn. Ich konnte kaum essen, nicht schlafen. Eigentlich immer noch nicht. Ich wache mitten in der Nacht mit Herzklopfen auf, in Tränen.«

»Das tut mir schrecklich leid …«

»Ich höre auf, für ihn zu arbeiten. Wenn du zurückkommst, bin ich nicht mehr da.«

»Wo wirst du sein?«

»Das weiß ich noch nicht. Vielleicht finde ich Arbeit in einem chinesischen Restaurant.«

»Gibst du mir Bescheid?«

»Versprochen.«

Einige Tage später erreiche ich Hamza, er verlässt gerade einen Sportklub an der Ecke rue Faubourg Saint-Antoine und rue d'Aligre, wo er Catch Wrestling trainiert, das sei seine neue Leidenschaft.

»Apropos Leidenschaft: Hast du endlich eine Freundin?«, will ich wissen.

»Das geht dich nichts an, unmöglicher Kerl!«

»Erzähl mir, was es Neues gibt am Aligre …«

»Gestern, Sonntag, stell dir vor, war der ganze Markt geschlossen«, sagt er. »Die Halle sowieso, weil wieder ein Feuer ausgebrochen ist. Aber draußen, auf den Straßen, war auch kein Stand offen. Wie sonst nur an dem einen Tag nach den Attentaten.«

»Wegen des Feuers?«

»Nein. Wegen Schnee! Es hat in Paris so viel geschneit in den letzten Tagen wie seit Jahren nicht mehr. Hat dir deine Familie denn nichts erzählt? Sensationell! Zentimeterhoch! Alles kam zum Stillstand, alles. Auch der Flohmarkt, natürlich. Nicht einmal die Sauvettes waren gestern zu sehen!«

»Der Markt … fehlt mir.«

»Ruf mich bald zurück.«

Schon am nächsten Morgen, noch unter den schweren Bettdecken liegend, spreche ich erneut mit Hamza.

»Heute war schon alles geschmolzen, also haben wir wieder Hochbetrieb.« Er hält das Telefon über dem Kopf in die Höhe und lässt mich den Aligre-Klängen lauschen, den Stimmen, dem Lachen, den Rufen, der ganzen, so vielfältigen Geräuschkulisse. Besäße ich die Telefonnummer von Monsieur Obama, meldete ich mich auch bei ihm, würde ihn bitten, mich am Stampfen der Benne teilhaben zu lassen.

Ich habe die Marktmusik noch im Ohr, da fällt mein Blick wie an jedem Morgen auf die gegenüberliegende Schlafzimmerwand, dort haben die Departmentverantwortlichen den gerahmten Schwarz-Weiß-Druck eines Fotos aus den 1950er Jahren angebracht – keineswegs für mich, das Bild hängt immer schon da: Ein Liebespaar auf dem höchsten Punkt der Julisäule, an der Place de la Bastille, der junge Mann beugt sich zu seiner Geliebten herab, flüstert ihr etwas zu. Und unter ihnen breitet sich die Stadt aus, die schönste Stadt der Welt, man erkennt die Straßen Saint-Antoine und Rivoli, sieht trotz des leichten Nebels bis nach Notre-Dame und an der Gare d'Orsay vorbei, bis hinüber zum Eiffelturm am Horizont.

In meiner Fremde

»Enfin! Enfin!«, schallt es mir aus allen Richtungen entgegen, als ich den marché d'Aligre an einem wolkigen Frühlingssamstag nach vier Monaten Abwesenheit zum ersten Mal wieder aufsuche. Am Vorabend gelandet, steckt mir der Jetlag noch im Blut, in den Knochen. Es ist warm in Paris, die Bäume beginnen auszutreiben, ich sehe das erste Grün in diesem Jahr – in Ohio herrscht noch tiefer Winter.

»Wo warst du denn so lange?«, fragt Laurence vom italienischen Stand.

»Mussten Sie ins Spital? Oder ins Gefängnis?«, will Matilde wissen.

»Na also!«, ruft der alte Mahmoud.

Louiza, Monsieur Obama, Frédéric, Habib, eine ganze Schar Marktverkäufer begrüßt mich wie den verlorenen Sohn. Ich wusste gar nicht, dass ich mich am Markt solcher Beliebtheit erfreue. (Hervé, der Cafétier im ›Le Charolais‹, wo ich einen *Double* am Tresen trinke, reicht mir nicht die Hand.) Ich trage wie üblich die Straßenkleidung über dem Pyjama, dazu meine Aligre-Schuhe. Sie sind über zwanzig Jahre alt, dunkelblaue Sämischleder-*Vans*, das abgetretenste Paar, das ich besitze. Sie gehören zum Ritual: Trotz ihrer Halbzerrissenheit kommen keine anderen Schuhe für den Marktbesuch in Frage.

»Inschallah!«, ruft Hamza – und im selben Atemzug die hebräische Entsprechung: »Be'ezrat Hashem!« Ich fand nicht gleich zu ihm, er hat den Stand seines Vaters verlassen, führt seinen eigenen, an anderer Stelle eröffnet, wirkt glücklicher, kräftiger, ausgelassener als früher. Er spießt ein Mangostück auf die Messerspitze, hält es mir hin, es schmilzt im Mund, weich, nass, warm. Süß wie Blütenhonig, so ähnlich schmeckte die Frucht vom Baum der Erkenntnis, im Garten Eden, ich erinnere mich. Danach erst folgt die Begrüßung: »Endlich bist du wieder da! Du liebst diesen Markt mehr als dich selbst, habe ich recht?«

Er trägt ein T-Shirt mit der Aufschrift *Luta Livre*. Ich staune. Er hat offenbar zu lesen begonnen, ein Buch, das Luta heißt.

»Ein gutes Buch?«

»Welches?«

»Das Luta-Buch …«

»*Luta Livre* heißt Freistilringen auf Brasilianisch, du Spinner.« Er lacht: »Das hat mit einem Buch wenig zu tun …!«

»Seit wann hast du deinen eigenen Stand?«

»Seit einer Woche erst …«

»Deinem Vater passt das gar nicht, stimmt's?!«

»Papa hat alles versucht, es zu verhindern.«

Er widmet sich den Wünschen der Filmschauspielerin, die, versteckt hinter ihrer Sonnenbrille, zu glauben scheint, sie trage eine Tarnkappe. Ich folge ihr – beobachte, wie sie sich am Grapefruitstand zwei Früchte schnappt, ohne zu bezahlen. Der Tscheche Bohumil ist nicht da. Seine Ehefrau hat den Raub nicht bemerkt; ich frage sie, wie es ihrem Mann geht, verliere die Obstdiebin aus den Augen.

»Er hatte einen Schlaganfall. Vor einem Monat. Er kommt nicht mehr zum Markt. Nie wieder.«

Madeleine wirkt verändert, deutlich vergröbert, beinahe hausbacken, sogar ihre Stimme klingt anders. Vielleicht ist sie schwanger?

»Ich heirate übernächste Woche. Dreimal darfst du raten, wen.«

»Giacomo …?«

»Giacomo …!« In Madeleine hatte ich noch vor wenigen Monaten meine Muse zu erkennen geglaubt? Sie lädt mich auf eine Tasse bittersten Espresso ein, die Bohnen eine Mischung aus Tansania und Sumatra. Und will im Gegenzug von mir erfahren, wie es mir ergangen sei seit unserem Abschied. Ich bleibe wortkarg.

Abdel ist nicht auffindbar, sein Stand befand sich vor dem Aouba-Café. Er sei »für immer!« nach Ägypten zurückgekehrt, glaubt Madeleine zu wissen, und habe sich in seiner Heimat neu vermählt. Die Familie, hier, in Paris, seine Frau, die beiden Töchter wissen noch nicht, was geschehen ist, glauben, er befinde sich auf einer seiner längeren Reisen.

Alex konnte seinen Betrieb bisher nicht wieder aufnehmen, er schaffte es nicht ohne Mins Hilfe: Wo sich sein Stand befand, klafft nun eine Lücke. Ein alter Messerschleifer hat sich hier niedergelassen, er bietet seine Dienste marktschreierisch an, allerdings mit einer Stimme, die viel zu heiser und leise ist, um wirklich zu diesem Attribut zu passen. Große Küchenmesser schärft er für vier, kleinere für drei Euro. Er habe bis vor wenigen Monaten eine Fleischhauerei in der Picardie betrieben, erzählt er, doch die Konkurrenz zweier Supermärkte in der Umgebung seines Heimatortes sei so groß geworden, dass er bankrottging. Jetzt lebt er bei einem Cousin in Untermiete, weit außerhalb von Paris. Sein unendlich trauriger Gesichtsausdruck: Augenblicke von einem Tränenausbruch entfernt.

Wie viele neue Orte es am Aligre gibt, das fällt mir jetzt erst auf, eine Art Gentrifizierung hat während meiner Abwesenheit um sich gegriffen: Immer mehr Geschäfte, edle Boutiquen, die den Marktcharakter stören, im Grunde zerstören. Ein Shop für hocheffiziente Messer, die ›Japanese Knife Company‹, und aalglatt-modisch eingerichtete neue Esslokale, vietnamesisch, chinesisch, italienisch. Am abscheulichsten ist der Einzug eines großen Immobilienbüros an einer Ecke direkt gegenüber dem ›Baron Rouge‹. Ähnlich umfassende Veränderungen fanden zuletzt vor einem halben Jahrhundert am Markt statt, Sylvie, die ehemalige Gemüseverkäuferin, hatte mir davon erzählt: damals, als das hufeisenförmige Hochhaus erbaut wurde und der Dorfcharakter zum Teil verloren ging, Ende der 1960er Jahre. »Und heute? Schreitet dieser Prozess der rücksichtslosen Modernisierung in unserem *quartier* unaufhaltsam voran«, hatte sie mich gewarnt, Tage bevor ich nach Amerika abgeflogen war.

Im Inneren der hohen Halle herrscht nach der Dacherneuerung sanftes, klares, viel helleres Licht als früher. Gaston läuft mir über den Weg. »Habe ich dir zu viel versprochen? Wunderschön geworden, nein?« Er zerrt an meiner Hand, an meinem Ärmel, will mich Monsieur Chevalier vorstellen, einem neu eingestellten Käseverkäufer, der für Olivier arbeitet, in der Hallenmitte: »Du musst ihn kennenlernen! Er fliegt zu Ausstellungen nach New York, Madrid, Rom. Ein Kunstsammler, besitzt mehrere Gemälde von Eugène Delacroix, Zeichnungen von John Singer Sargent, ich weiß: kaum zu fassen, und er hat eine exquisite Bibliothek der Erstausgaben aller Werke von Balzac zu Hause, er ist Millionär, der es aber vorzieht, als Käseverkäufer zu arbeiten.« Er zeigt auf einen hageren Mann, der viel zu beschäftigt ist, um mit uns zu sprechen. Einer Stammkundin, der Armenierin Hopy, die ich flüchtig kenne, berechnet er gerade für ein großes Stück

Cantal und einen Becher Crème Fraîche nur drei Euro, fünfundzwanzig Cents, mithin einen absoluten Sonderpreis, etwa ein Drittel von dem, was normale Laufkundschaft hier zu bezahlen hat. Kein Wunder, dass Hopy mir einmal anvertraut hat: »Der traurigste Tag der Woche ist für mich … der Montag. Der Tag, an dem der Aligre schläft …«

Bei der Flohmarktverkäuferin Josephine gefällt mir ein großer Lüster, aus Bronze, patinagrünlich, auch wenn ich mir nicht vorstellen kann, dass er noch funktioniert. Unser alter Küchenlüster ist nach Jahrzehnten von einem klebrig-öligen Schmutzfilm überzogen und nicht mehr ganz intakt, bloß zwei seiner sechs Glühbirnenanschlüsse sind noch zu gebrauchen, er sollte endlich ausgetauscht werden. Josephine hebt das schöne Objekt mit ihren Skihandschuhen in die Höhe, preist es an: »Zehn Euro. Kein großes Risiko. Und ich habe das Ding selbst von der Decke einer Wohnung im elften Bezirk heruntergeholt. Eine Einwandererfamilie aus Argentinien, sie sind in ihre Heimat zurückgezogen, mir unbegreiflich. Er funktioniert tadellos, vertraue mir!«

Behutsam lege ich den Lüster auf die Ränder des Einkaufswagens. Und wandle damit langsam, vorsichtig nach Hause. Auf dem Heimweg – wie jedes Mal wenn ich vom Markt komme – ein weiteres Ritual: Ich bewege mich in der Straßenmitte, nicht auf dem Trottoir. Strecke den kleinen Finger und den Zeigefinger der linken Hand zum Autofluch aus: Solange ich auf diesem Abschnitt gehe, zweihundert Meter weit, soll und wird kein Automobil diese Straße benutzen und mich etwa zwingen, auf den Bürgersteig auszuweichen. Ich spreize also die Finger, rede mit mir selbst, spreche zugleich unsichtbare Mächte persönlich an und verbleibe in der Mitte der rue de Charenton. Erst nachdem ich in die rue Abel abgebogen bin, kommen ein Kleintransporter die Straße heruntergerattert, und danach gleich zwei weitere Personenwagen – der Autofluch hat funktioniert, auch dieses, wie beinahe jedes Mal.

Zoe reagiert erstaunlich wohlwollend auf meine Lüsterwahl: »Du hast Geschmack, das hätte ich dir nicht zugetraut. Du hast Stil. Sehr schön. Aber glaubst du, er wird in Ordnung sein? Sich überhaupt einschalten lassen?«

»Josephine sagt, er funktioniert. Ich glaube ihr.«

»Aber zum Essen eingekauft, für heute Abend?«

»… habe ich noch nicht.«

Ich kehre zum Markt zurück, vornübergebeugt, eine Art Klappmessergang, wenn ich müde bin. Suche an der Ecke, an der er normalerweise hockt, nach Señor Pedro aus Sevilla, den zerberusähnlichen Heimatlosen mit den stark geröteten Augen, Reinkarnation des adeligen spanischen Politikers Pedro Pablo Abarca de Bolea. Niemand scheint zu wissen, wo er sein könnte, er wurde seit Wochen nicht gesehen. Der marokkanische Wirt des Couscous-Lokals, das sich in unmittelbarer Nähe befindet, hat im Winter einen Rettungswagen wahrgenommen, der den Obdachlosen mit Blaulicht abholte und danach mit Sirenengeheul davonfuhr.

Thalia kommt mir entgegen, seit meiner Flucht aus ihrer Wohnung haben wir einander nicht wiedergesehen. Sie umarmt mich so selbstverständlich, so innig, als habe sie den Vorfall vergessen oder mir längst vergeben.

»Weißt du, wo Monsieur Pedro ist?«, frage ich.

»Im Himmel …«

»Du meinst …«

»Er ist tot. Verhungert. Erfroren. Oder beides. Sehr traurig. Kanntest du ihn?«

»Ich kannte ihn. Für mich war er der eigentliche Torwächter des Marktes.«

»Jetzt bereitet er sich auf seine nächste Reinkarnation vor.«

Die Filmschauspielerin hat ihre Einkäufe in der Zwischenzeit beendet. Ich beobachte Passanten, die ihr entgegenkommen und das gewisse, so typische Grinsen im Gesicht tragen, wenn sie jemand Prominenten erkennen, ohne es sich anmerken lassen zu wollen. Sie hat drei Einkaufstüten in der linken, vier in der rechten Hand. Ich stelle ihr nach, genau wie ein Jahr zuvor. Ein neues Leben beginnen? Mit der Pantherähnlichen? Wir bewegen uns, drei, vier Meter voneinander entfernt, vorbei an den immer ähnlichen Gemüse- und Obstständen, die Marktverkäufer sind schon dabei, alles abzubauen, nach ein Uhr mittags. Vorbei am Fischgeschäft und einer kleinen Bio-Pizzeria, die während meiner Abwesenheit in der rue d'Aligre eröffnet hat. Die Verfolgte nähert sich Matildes Käsestand, beugt sich einen Moment zur Katze Betty nieder, die sich an ihren Knöchel drängt. Ich muss Matilde fragen, ob sie weiß, dass Alejandro Jodorowsky nicht selten den Markt besucht – würde sie den bald Neunzigjährigen erkennen? Aber jetzt ist nicht der Moment dafür.

»Alles unter Kontrolle?«, will Matilde von der Filmschauspielerin wissen.

»Tout va bien!«, gibt die Befragte zurück. Und dreht sich im selben Atemzug zu mir um: »Denken Sie, ich bemerke nicht, dass Sie hinter mir hergehen, schon eine ganze Weile? Halten Sie mich für so unsensibel? Was wollen Sie von mir?«

Das Blut schießt in den Kopf, das Herz klopft schnell, schneller, ich suche nach Worten, wie am Jahrmarktsgelände von Thalgau.

»Wie kommen Sie darauf? Ich bin Ihnen nicht nachgegangen!«

»Sie lügen. Geben Sie's wenigstens zu, sonst sind Sie verloren.«

»Ich finde Sie … unendlich faszinierend!«

Sie macht sich über mich lustig: »*Sehr* phantasievoll, Ihre Antwort. Aber kommen Sie mich besuchen, jetzt geht es nicht, vielleicht morgen, Sonntag? Nummer 163, Faubourg Saint-Antoine, das Haus hat seit Monaten keinen Tor-Code; eine rote Tür. So rot, wie Sie jetzt sind …«

Die Mittagspause hat angefangen, die Armada der Aufräumfahrzeuge beginnt polternd, krachend, tosend ihre Runden zu drehen. Die Benne wird zur Verbrennungsanlage abgeschleppt. Es ist zu spät, um noch etwas einzukaufen. Der alte Cafétier Jojo, der *patron* des ›Le Penty‹, liebt es aus unerfindlichen Gründen, mich zu boxen, so auch an diesem Tag unseres Wiedersehens. Er lebt das halbe Jahr über in Tel Aviv, wo er zur Welt gekommen und aufgewachsen ist. Wortlos knufft er mich jetzt in die Rippen, ich lasse es wehrlos geschehen, bin viel zu müde, um darauf zu antworten, ich streiche ihm nur über die unrasierte Wange. Er erinnert mich heute mehr denn je an den verstorbenen Freund, den Theater- und Filmregisseur, den Dichter, Schriftsteller, Zauberkünstler, der mir täglich fehlt; keinen meiner Toten, von den Eltern abgesehen, vermisse ich so sehr wie Luc.

Kehre nach Hause zurück, habe wieder nichts eingekauft, nicht das Geringste. Ich versinke drei Stunden lang in Tiefschlaf, Jetlag-Schlaf. In einer meiner frühen Kurzgeschichten beschrieb ich das Hellmüde, Tiefwache, es entspricht durchaus dem heutigen Tag: *Im Flugzeugkörper, nachts, heben sie sich auf, weiße Kräfte, die mich wie Falkenfieber von Gegenteil zu Gegenteil locken. Das Wachsen, Zerreißen weißer Nachtwolkenwände klebt in mir.* Begreife beim Erwachen nicht gleich, wo ich mich befinde. Bis Zoe das Schlafzimmer betritt, sich auf den Bettrand setzt und feststellt, dass ich nichts für den Abend besorgt habe, sie kümmere sich jetzt selbst darum. Das möchte ich auf keinen Fall.

»Außerdem … müssen wir bald etwas besprechen«, fügt sie hinzu.

»Warum nicht jetzt?«

»Jetzt bist du nicht wach genug. Morgen vielleicht.«

»Kannst du mir eine Andeutung machen, worum es geht?«

»Gedulde dich. Du bist heute noch … zu mitgenommen.«

»Es geht. Sag's mir, bitte … Tell me.«

»Ich will fort von hier. Vielleicht auch fort von dir.«

Ich bleibe stumm. Mein Schweigen ängstigt mich. Nach tiefen, regelmäßigen Atemzügen: »Ich dachte … du fühlst dich hier verankert? Der Markt erdet dich, hast du gesagt. Unser *quartier* ist dein Zuhause.«

»Man verändert sich im Laufe eines Lebens. Ich will einen Neubeginn. Dylan ist alt genug.«

Das Ehebett versinkt ganz langsam in weich gepolsterte Abgründe, ich rette mich vor dem Untergang, indem ich mich wortlos ankleide, zum leergefegten grautraurigen Marktplatz zurückkehre.

Am frühen Abend bleibt nur die Halle für Einkäufe geöffnet, die Stände draußen sind allesamt verschwunden. Sekundenlang breitet sich eine unerwartete Empfindung in den Nervenenden aus. Als mein Blick auf jenes riesige Apartmentgebäude fällt, welches den Place d'Aligre einst so nachhaltig verändert hat, verspüre ich so etwas Ähnliches wie Sehnsucht. Eine Prise Sehnsucht, vermischt mit einem Gramm Heimweh: nach Oberlin, Ohio.

Bin ich verrückt geworden?

Bin ich dazu verdammt, erneut zu übersiedeln?

Wohin mit mir?

Ich habe kein Refugium, in dem ich Zuflucht finden könnte. Ich besitze nichts außer meiner Kleidung, einigen Armbanduhren, den Büchern, wenigen Möbeln, meinem Computer und einem uralten Fahrrad. Und damit hat sich's. Kein Haus, keine Wohnung, keine Hütte, keinen Landsitz, sei es in einem Bergdorf, sei es am Meeresstrand, ich besitze nicht einmal einen kleinen Garten irgendwo. Nichts. Vielleicht trage ich deshalb das Gefühl ständiger Ausgesetztheit mit mir herum.

Es beginnt zu nieseln. Kinder spielen Fußball, auf dem verlassenen Brocanteplatz. Das leicht zeitversetzte Echo ihrer Rufe, der Ballknallgeräusche, schallt vom Hochhaus wider. Auf einer Parkbank neben der ›Petite Mairie‹ des Placiers Lenglet sitzt, wie jeden Abend, der alte Mann aus Mali, der Spielzeug, kleine Teller, Gläser und ein paar Bücher zum Verkauf ausliegen hat. Alles wird feucht, Monsieur Ndiaye stört das nicht. Eine Tiefkühlpizza in durchsichtiger Folie taut langsam auf.

»Combien?«, will ich wissen.

»Cinquante Cent …«

Ich zögere.

Er versteht mein Zaudern nicht, wiederholt: »Cinquante *Cent* …!«

Ein Stapel deutschsprachiger Bücher kommt zum Vorschein. Karl May, Stefan George, Robert Musil. Er kaufte sie vor zwei Tagen dem Erben eines österreichischen Architekten ab, der jahrzehntelang in Paris gelebt hatte, nahezu mittellos. Ich stöbere, bezahle einen Euro für Novalis' Romanfragment »Heinrich von Ofterdingen«, eine Ausgabe in bestem Zustand, aus dem Jahr 1898, verlegt bei Eugen Diederichs, Florenz und Leipzig.

Als ich siebzehn, achtzehn war, stand für mich fraglos fest: Ich bin die Reinkarnation Georg Philipp Friedrich von Hardenbergs, der sich Novalis nannte. Reiste anlässlich seines zweihundertsten Geburtstages 1972 nach Weißenfels an der Saale, wo er überwiegend gelebt hat und auch gestorben ist. Stand eine Nacht lang neben seiner Grabstätte, hielt Wache, während sowjetische Panzer, nahebei stationiert, langsam durch die Kleinstadt rollten –, ihre Ketten klirrten auf dem brüchigen Beton.

Trockne das Buch – ich konnte es einst seitenweise auswendig – mit dem Pulloverärmel behutsam ab, schlage es dort auf, wo geschrieben steht: »Wo gehn wir denn hin?«

»Immer nach Hause.«

Ich lege den ›Ofterdingen‹ in meine Einkaufstasche mit der Aufschrift: *Union Market, Manhattan & Brooklyn, LOWER EAST SIDE: EAST HOUSTON STREET & AVE.* A und betrete die hohe, sakrale, majestätische Halle, das erhabene Monument, um jetzt endlich etwas einzukaufen.